Shortcut Through Therapy

読むだけで

気分が上がり

望みがかなう10のレッスン

リチャード・カールソン　訳＝浅見帆帆子

三笠書房

たいせつなのは
心の持ち方。

＊訳者のことば

気分が上がった瞬間、幸せな未来がスーッと開けていく！

浅見　帆帆子

自分の気持ちをどう上向きにできるか——。それが幸せな人生を送るコツ。

このことが、本書を読むと、あらためてよくわかります。

「感情（気分）」がいかに自分の毎日を支配しているか。目の前で起きている事柄の内容ではなく、それに反応した自分の感情がすべてなのです。

女性は「少し痩せたんじゃない？」と言われると、その日一日、なんとなく気持ちが上向きになります。

きのうと変わらないような今日にウキウキして、家庭や職場の雑事も楽しくこなし……どうして今日はこんなに気分がいいのだろうと思い返してみると、「痩せたんじゃない？」と言われたときの、ちょっとした盛り上がりが原因だったりします。

実際に痩せたかどうかは問題ではないのです。


感情が変わると、行動も変わります。

楽しい気持ちのときには、自分の夢にも活発な気持ちになれます。同じことをするのにも、気持ちが落ち込んでいるときにはその気になれない、つまり、いかに自分の**感情（気分）を上向きに盛り上げるかが重要**なのです。


そして、その感情は、実際に起きているものごとには関係ありません。

過去に起こった何かを「つらい、悲しい」と記憶している人は、何かが起きたときに、いつも原因をそこまでさかのぼって、あのときと同じ気持ちをわざわざ再現して暗くなります。

ところが、その出来事をすっかり忘れている人にとっては、それがなかったことと同じなのです。つらいことにフタをするという意味ではなく、そのくらい、**自分の感情、気分、ものごとに対する感想が、今日の一日の行動を決めている**ということです。

これまで三冊にわたるリチャード・カールソン氏の訳本を通して、違う国や環境に育っていても、人が何に幸せを感じるかや、向かっている先は同じであることがわかります。エピソードやたとえ話は「外国的」であっても、そこから学ぶことは同じなのです。

同じところへ向かっていると思うと、諸外国といった「枠」もなくなり、世界はつながっているなあ、と感じます。

毎回この気持ちを味わわせてくださるリチャード・カールソン氏には、本当に感謝しています。いつもありがとうございます。

この本が、手に取ったあなたの**〝心の風通し〟**をよくし、**未来を自由に想像＝創造するヒント**になるといいな、と願っています。

もくじ

Lesson 1

「気分の波」に飲まれない

気持ちが明るくなった瞬間、すべてがガラリと好転する！

Lesson 2

幸せに生きると決める

心にグングン〝いいエネルギー〟がわき出す！

Lesson 3

「考えない」練習をする
〝どうでもいいこと〟で頭をいっぱいにしない！

Lesson 4

「プラスの面」に注目する

「いいこと」を望むと、もっと「いいこと」が起こる！

Lesson 5

考え方は、人それぞれ

人間関係のストレスが不思議なくらい消えていく！

Lesson 6

「心の声」に耳をすます

パッとひらめいたことは、案外正しい

Lesson 7

新鮮な気づきがいっぱい！「へえ、そうだったんだ！」と一歩ひいて、自分を眺めてみる

Lesson 8

「今、ここ」を生きる

人生はいつでも「本番」。リハーサル気分は捨てよう！

Lesson 9

結局、幸せは考え方しだい

運がみるみるよくなる〝感謝の魔法〟！

Lesson 10

「完璧」をめざすより、プロセスを楽しむ

〝至福感〟こそ自分への最高のプレゼント

本文イラストレーション ももろ

はじめに　…いつも運よく幸せな自分でいる「心の整え方」

私は、自分のことを「ストレスに負けない心をつくる」プロだと思っている。

心理学の専門家として、これまでたくさんの人たちの、さまざまな「悩みごと」や不安につき合ってきた。

そんな私が、「つらいなあ」「しんどいな」と感じている人に、もっとリラックスした、穏やかで前向きで元気な心で生きていってもらうために、できること。

それは、

「心のチカラ」を取り戻すための法則を教える。

たったこれだけだ。

この本には、いつも運よく幸せでいられる自分、成長し続けられる自分に出合うための**「心の整え方」**をベースにした〝引き寄せ〟のコツがまとめてある。

読むだけで十分な効果が得られるよう、エッセンスだけを集めた。

いわば**〝いいとこどり〟**をしたつもりだ。

また、自分が望むような未来をつくるための今日からすぐに実践できるような**「近道（ショートカット）」**や、いったんマスターしたらすごい効果がある方法も紹介している。

二つの点を結ぶ、一番短い距離は「直線」だが、**この本は、「今の自分」と「幸せな自分」を結ぶ一本の直線**のようなものだと思ってほしい。

ものごとは、何でも「基本」を身につけるのが一番だ。

この本で紹介する**成長と幸せのための「10の法則」**を身につければ、その効果は目に見えて表われ、今すぐハッピーな気持ちになれる。

仕事、人間関係、生いたち、お金のこと……どんなことであれ、今、何かしっくりこないものを胸の内に抱えている人も、「10の法則」を知ることで、心にサーッと光が差し込んで気分が上がってくるのを感じるはずだ。

頭でっかちになって考えすぎるよりも、この本のアドバイスを素直に試してみてほしい。

幸せに生きるために必要なのは、こんなにシンプルなことだったのかと、きっと実感できるはずだ。

ページをめくれば、「思いどおりの毎日」と「あなた」がダイレクトにつながるだろう。

グッドラック！

リチャード・カールソン

Shortcut Through Therapy

Lesson 1

「気分の波」に飲まれない

気持ちが明るくなった瞬間、すべてがガラリと好転する!

時間が経てば、心が落ち着き、
ものごとがはっきり見えてくる。
いつまでも同じ気分でい続けることはできない。

トーマス・マン

生きていれば、誰でもあれやこれやと問題にぶつかるものだ。そして問題がやっかいであればあるほど、気分に左右される部分も大きくなる。

「気分の問題」を避けて通ることは誰にもできない。人はみな、ときには落ち込み、ときにはハイになる。そして、普段はその中間あたりにいる。

「むやみに怒りたくなる気分」のときは…

さて、心理カウンセリングでは、**「本当の問題」**と**「気分の問題」**とをはっきり区別する。

気持ちが明るいと、人生は順調に見える。身も心も軽く、満ち足りて、不安もなく、集中力もあり、自信にあふれている。生きていることに感謝したくなる。ささやかなことにも満足を覚える。

こういったときなら、問題が起きてもベストな対応ができる。解決方法も頭に浮かぶし、「クリエイティブに問題を解決する瞬間って、楽しい！」とさえ感じる。時間はかかっても、「必ずうまくいく」という自信もある。


ところが、暗い気分のときは、何をやってもうまくいかないように思ってしまう。あなたは不安にさいなまれ、集中力もなく、内向きで、イライラしがちになる。人間関係もわずらわしく感じられ、つき合いも表面的で、問題だらけ。友だちも他人行儀で、イヤなところばかりが目につく。家族は役に立たず、あなたを支えてくれそうにない。

何をやってもつまらない。問題が起きると、これは氷山の一角で、以後もまだまだ問題が出てくるはずだと思う。解決の方法も思い浮かばず、絶望的な気分になる。自分には、その問題をなんとかする創造性も知恵も常識もない。あるのは目の前の大問題だけだ。

つまり、**私たちが抱えている問題の多くは、その問題が起こったときの"気分"と深く関わっている**のだ。

気分は、体調にも影響する。感情を無視して生きていると、必ず後からしっぺ返しがくる。

また、気分が落ち込んでいるとき、私たちは正しい判断ができなくなっている。

だから、どういう気分のときに、自分がどういう反応をするか、あらかじめ知っておくことが大切だ。

「いいこと」だけつかまえる"アンテナ"を立てる

気分は絶えず変化している。

人生はすばらしいと思ったその次の日に、人生なんて最低と思うこともある。

午前中は楽しく仕事をしていたのに、午後は急にうんざりすることもある。

そんなことは、いくらでもあるものだ。

問題は、あなたの**感じ方が変わった**ことにある。

落ち込んでいるときは、あらゆることが実際より悪く見える。しかも困ったことに、暗い目でものを見ると、暗い気持ちになるのも当たり前だという気分になる。まるで悪いことだけをキャッチするアンテナを張りめぐらせているようなものだ。

私の友人の話をしよう。

彼は、自分の仕事をとても気に入っていた。いろいろな業務を任され、給料もよく、上司も理解があった。明らかに彼はやる気でいっぱいだった。

ところが、その一週間後には、げっそりとして、仕事が退屈だと文句を言い始めた。重要な仕事はさせてもらえないし、上司は横暴で、給料も安く、誰からも評価されないと訴える。

「この間まで、すばらしい仕事だと言っていなかったっけ?」

「僕は自分をだましていたんだ。つまらない仕事さ。もううんざりだ」

ここまで極端だと笑ってしまうが、私たちは、大なり小なり、みんな同じようなことをしている。

気分が明るいと、人生も明るい。気分が暗いと、人生も暗い。

ただそれだけのことだ。気分が変われば、同じものが天と地ほども違って見えることを知っておこう。

〝心の低気圧〟を乗り切るコツ

もちろん、暗い気持ちになること自体は、まったく問題ない。

問題は、そのときにどう対処するかだ。

「あ、自分は今、落ち込んでいるな。だから悲観的になっているな」

と客観的に見られれば、自分を見失わずにいられる。

心が回復して、明るく前向きになるまで待てば、いい知恵も浮かび、重要な判断もできるようになる。

感情に振り回され、暗い気分のまま行動すると、大変なことになる。

気持ちがどんよりしているときに、いいアイデアが浮かぶはずがない。憂鬱なときやカッカしているときに、人にやさしくできるはずがない。イヤな気分のときは、分《ふん》別《べつ》も働かなくなる。

そんなときは、何もしないほうがいい。それがわかっているだけで、人生はずいぶん楽になる。

落ち込んでいると、家族に当たったり、未来に希望が持てなくなったりする。

でも、「落ち込んだときには、そうなるものだ」とわかっていれば、自分の身を守れるのではないだろうか。

「ああ、またか」と思って、気楽にかまえていればいい。

長い人生、落ち込むこともある。そのために心の準備をしておこう。この次、憂鬱に
なったら、
「またいつもと同じだ。落ち込むと考え方まで暗くなる。本当は、それほどひどくな
いんだよね」
と、自分に言い聞かせる。そうすれば、希望が生まれる。実際そうなのだから、当
然だ。

「イヤなことは考えない」のがいちばん！

落ち込んでいるときに大切なこと。

それは、「何が問題か」をはっきりさせることではなく、**「イヤなことを考えない」**

ことだ。

何度も繰り返すが、同じ経験をしても、気分しだいで一八〇度、印象が変わること
がある。だから、問題に自分の意識をフォーカスしていると、ますます問題を複雑に

してしまうのだ。

たとえば、ある女性は、とても落ち込んでいるときにこう言った。

「子供の頃、夏休みのキャンプに行かせてもらえなかったことを今でもくやしく思っているの」

ところが、彼女がごきげんなときに、そのことについて聞いてみると、

「そういえば、その夏はお金がなくてキャンプに行けなかったけれども、代わりにYMCAの水泳教室に通って、そこで一生の友だちに出会えたから、よかった」

と言うのだ。

気分がよいというだけで、感謝の気持ちもわいてくる。

「気分によって考え方は変わる」

このことを知れば、いつまでも過去をクヨクヨと悩むこともなくなる。そして、新たな未来に向かって進んでいくことができるはずだ。

“タイミング”を重視する

あるカップルが、二人の関係がギクシャクしてうまくいかないと言って、私のところに相談に来た。

どういうときに、この問題について二人で話し合うのか尋ねたところ、

「ストレスでくたくたになっているとき」

というのが答えだった。

そこで私は、

「もっと気持ちがゆったりするまで待って、それから話し合ってみてはどうですか」

とアドバイスした。

「でも、そんなことをしたら、何が問題なのか、わからなくなってしまいます」

と、彼らは答えた。

これこそ、私が彼らに言いたかったことだ。

「ストレスでくたくたになっているときに話し合ったら、それこそ何が本当の問題なのか、わからなくなってしまいますよ」と。

気分が落ち込むと、人生が問題だらけに見えてくる。そこをじっと耐え、**暗い気持ちのときはできるだけ問題に目を向けない**ようにしたほうがいい。

このカップルのように、くたくたになっているときに、問題について話し合ったり、結論を急いで出そうとしたりしないこと。

何ごともタイミングが大事なのだ。

「悩みが自然と消えてしまう」シンプルな方法

今、あなたはどんな気分なのか――。注目してみよう。

落ち着いているか。それとも不安で、じっとしていられない気分か。

気分がよく、気持ちが高まっているときは、心を開き、相手を信頼し、どんどん前に出ていける。

あなたの判断力は鋭くなっているはずだから、人生やいろいろなことについて考えるには絶好のタイミングだ。もし問題を抱えているなら、解決するチャンスだ。

「感情が不安定なとき、問題を解決しようとしてはいけない」と頭ではわかっていても、つい私たちは問題について考えてしまう。それは、ストレス、怒り、嫉妬、不安などを感じているときに、「すぐにでもその状態から抜け出したい」と思うからだ。

けれど、**気持ちが明るくなるだけで、自然と悩みが消えてしまうこともよくある。**

「心のモヤモヤ、へこんだ気持ち」のやりすごし方

「心の状態」がマイナスに傾いているときの、どうしようもない悪影響を乗り越えるには、**放っておく**ことだ。どす黒い不安感をかき立てるものはただ一つ、あなたの思いだけだからだ。

不安に思っていることを考えたり、話したりしている間は、イヤな気分がつきまとう。イヤな気分を振り払おうとすればするほど、ますます心は重くなる。

とにかく気持ちを楽にして、いつかは気分も変わると思っていれば、いつしか光がさしてくる。

焦らずに、気分の変化を待ってみよう。何千回落ち込もうと、必ずいつかは立ち直ることができる。

気分によって、人生の違った面が見えてくる。

心が希望と愛で満たされていれば、未来は明るい。

反対に心が怒りに満ちていれば、未来は暗いものになるだろう。

自分の気持ちの変化に気を配り、気持ちが落ち込んでいるときは、深刻に思いつめないこと。

それが幸せへの近道だ。

Shortcut Through Therapy

Lesson 2

幸せに生きると決める

心にグングン
“いいエネルギー”が
わき出す！

「心の状態」を変えれば、人生は変わる。
これこそ、人類の〝最大の発見〟である。

ウィリアム・ジェームズ

幸せに生きるために、とても大切なこと。

それは「他人のせい」をやめて、**「自分の幸せは一〇〇％自分しだい」**と考えることだ。それだけで、あなたは〝もっとハッピーな自分〟に向かって着実に歩み出せる。

誰も自分の呼吸を代わってはくれないように、あなたの代わりに人生を生きてくれる人などいないし、両親も、家族も、恋人も、友だちも、同僚も、セラピストも、誰もあなたを幸せにすることはできない。

「そんなの当たり前」と思うかもしれない。

でも、実践している人はどれぐらいいるだろう。

たとえば、

「どうして、みんなもっと自分にやさしくしてくれないんだろう」

「あんな言い方は、耐えられない」

「あの人だって、もうちょっと、やりようがあるだろうに」

「そんなにズケズケ言わなくたって……」

つい、こんな言い方をしていないだろうか。

こういう言葉はどれも、

「自分以外の誰かのせいで自分は幸せになれない」

「この世界と世界中のすべての人が変わってくれれば、自分は幸せになれる」

と言っているのと同じだ。

「他人のせい」で幸せになれないの？

『「頭のいい人」はシンプルに生きる』（三笠書房）などの著書がある、全米で大人気の心理学者ウエイン・W・ダイアーは、自分の人生を「他人のせい」にしてしまう考え方を、こう皮肉っている。

「あなたのまわりにいる人たちのせいで人生が台無しだと言うなら、その人たちを連れてきなさい。私がその人たちをなんとかすれば、あなたは幸せになれるんですね」

私は心の専門家として、これまでずっと、「ストレスが軽くなる方法」を教えているが、私のところへ来る人はみな、そろって同じことを口にする。

「上司が口うるさいので、ストレスがたまります」

「僕が不幸せなのは、彼女が僕のことをないがしろにするからだ」

とにかく、自分ではない誰かが変わってくれない限り、気が晴れることはないというわけだ。

〃心の風通し〃がよくなる一番の方法

「自分の幸せは、自分の手でつかむ」

と心に決めることは、

「未来は自分の力でつくっていく」

ということだ。いったんそうと決めれば、

「あの人さえ、あのことさえ変わってくれれば、自分は幸せになれるのに……」という〝他人まかせの生き方〟とは永遠にお別れだ。

面白いことに、心が前向きになると、「環境が人をつくる」のではなく、**「環境によって人の本質があらわになる」**ことがわかる。

壁にぶつかったときやピンチのときこそ、自分が人生にどういうスタンスで向き合っているかをはっきりさせるチャンスでもある。

そのとき、「未来は自分の手で切り拓《ひら》くもの」と考えるなら、きっと未来はすばらしいものになる。ちょっと「やっかいなこと」も自分を磨く〝いい経験〟にできるし、もっと自立した、成長志向の人間になれるはずだ。

ところが、「未来なんて、自分の力ではどうすることもできない」と考える人にとっては、自分がおかれている状況こそが不幸の始まりであり、足かせなのだ。

「仕事が忙しくて、エクササイズする時間がない」

「子供が小さくて、友だちに会う暇がない」

「いまだに両親からひどいことを言われるので、自信が持てない」

こんな言い訳ばかりの人生なんて、まったくつまらない。


「人生は自分の手で切り拓いていく！」と考える人は、たとえ納得できないことがあったとしても、

「いつまでもみじめなままでいるなんて、つまらない。何かきっと、打つ手があるはずだ。今、ちょっとうまくいっていないのは、どこかで判断を間違ったからだ。だいじょうぶ。自分はうまくやれる」

と前向きに考えられる。

ヴィクトール・E・フランクルの『夜と霧』にあるように、ユダヤ人強制収容所のような**想像を絶する状況におかれても、人間は力強い自由な意思を持ち続けるこ**

とができる。

たとえ今、ちょっと不本意な人生を生きていたとしても、気持ちをプラス方向に切り替えていけるのだ。

「なんで、私が……」とはサヨナラ

自分の人生を自分でしっかり引き受けて、感情に振り回されたりしない人は、どんなにつらいことがあっても、それを必ず自分の〝**成長の材料**〟にしてしまう。

一方、自分の人生に責任を持てない人は、「自分はそんな状況の被害者だ！」と感じる。

そして「みんな、私を見て！　私を助けて！　私を認めて！　私を愛して！」と、他人にすがろうとする。

誰でも被害者意識を持つことはある。

たとえば郵便局で順番待ちをしているときに、「あの窓口の人は、わざとゆっくり仕事をしているんじゃないのか」と、ついイラッとしてしまうことはないだろうか。
ものごとが思ったとおりにならないときにも、被害者意識が芽生えやすい。
予定どおりに宅配便が届かない。思ったほど感謝されなかった。待ち合わせの相手が遅れて来た……。
そして思う。

「なんで、こんな目に遭わなくちゃいけないの？」

ところが、自立した、責任感のある人なら、「なんで自分が、こんな目に⁉」と嘆きたくなるときには、自分にもいくらか原因があるとわかっている。そして、自分のいたらなかったところを反省する。

いいときも、悪いときも、動かなければならないのは自分なのだ。

自分を信じて、自分の人生の舵《かじ》を握っていれば、きっと希望が生まれてくる。

世の中があなたの思いどおりに動くのを待つより、自分の考え方や行動、感情を自分でコントロールするほうが、ずっとシンプルで簡単だ。

「自分の考えや感情を、自分でコントロールできない」という人もいるが、それなら**いったい誰の考えや感情ならコントロールできるというのだろう。**

自分をコントロールできるのは自分しかいない

私たちは、頭の中で想像したことを「あたかも本当のこと」と思い込んでしまうときがある。私は、これを**「思い込みのワナ」**と呼んでいる。

アリスは、仕事でストレスを感じていた。

たとえば、上司が彼女の仕事の進め方について注意すると、そのたびに、彼女は「侮辱《ぶじょく》された」と感じ、ムッとしたり落ち込んだりする。半人前扱いされているようで屈辱を感じ、ときには反発してしまうことがある。

「上司に何か指摘されたら、〝侮辱されている〟と感じるのが当然、と思い込んでいますね」

と私が指摘すると、彼女はこう答えた。

「もちろんですよ。誰だって、批判的なことを言われたら、頭にくるじゃありませんか」

たしかに、上司に何か注意されたら、誰でもいい気はしないだろう。

けれど、上司は単に「仕事の進め方を改善してほしい」と言っているだけで、「能力が低い」「ダメなヤツだ」と侮辱しているわけではない。

それをアリスが一方的に「侮辱された」と受け取って反発しているから、上司との関係がぎくしゃくし、ストレスもたまる。

「自分の感情、考えをコントロールするのは自分」と思い出せれば、「侮辱された」という反発の道ではなく、**「上司の言うことにも、一理あるな」と謙虚に考える道**を選択できる。

わだかまりはスーッとほどけていくし、問題を複雑にすることもない。

自分に起こることはコントロールできないが、**起こったことをどう受け取るかは、一〇〇%、自分の責任だ。**

「どんな気分で生きるか」を選ぶのは、いつだって「自分」なのである。

「時間がない」「忙しい」——そんな自分に酔っていない？

だいぶ前の話になるが、私自身が「思い込みのワナ」に落ちそうになったことがある。

それまで私はずっと**「すべてをやり遂げる」ことに必死**だった。成果を積み重ねていくことが、人生の最大の目的だった。

言い換えれば、「最短で最大の成果を出す」ことに必死だった。目的達成のために、個人的な幸せを犠牲にしてきたが、それも仕方ないと〝思い込んで〟いたのだ。

その頃、「あなたの弱みは何ですか?」と訊かれたなら、私は迷うことなく「時間が足りないことです」と答えただろう。

実際、目を開けている時間は一秒たりとも無駄にはしなかった。いつも忙しく仕事をしていて、何かをなし遂げようと四苦八苦していた。

「思い込みのワナ」についてじっくりと考えることもなく、絶えず仕事に追われ、神経をすり減らしていた。

しかし、このままではスケジュールに殺されてしまうと思ってもいた。

その当時の私は、自分の抱えている問題はとても複雑だと思っていた。**いつも忙しくしていないといられないのは、成果を上げなければ自分には価値がないと思っていた**からだ。

いろいろ思うところはあったが、仕事はそのまま続けていた。仕事の量を減らし、ゆったりできるようになったのは、数年後、「思い込みのワナ」にようやく気づいてからだ。

自分の人生は、まるで緊急事態の連続だと気がついたとき、私はついに変わることができた。

切迫感に駆り立てられ、いつもイライラしていた人間から、人生は自分のもので、目的やスケジュールは自分で決められるのだという前向きな人間に自分を変えることができた。それまでの生き方を一八〇度転換することができたのだ。

「人生はこういうものだ」「それが真実だ」と思い込んでいることが、誰でも十や二十はあるだろう。

たとえば、

「私じゃなくて、メリーが昇進するなんて。本当に腹が立つわ」

「こんな給料じゃ、とても安心できないよ」

といった具合だ。

「思い込みのワナ」にかからないためには、**自分が信じていることを、ほんのちょっと疑ってみる**といい。

自分で自分に問いかけてみよう。

「今まで僕は正しいと思っていたけれど、そうではないのかもしれない」

「私が間違っていたのかしら」

「給料が少なくても幸せになれるかなあ」

そう問いかけるだけで、自分なりの答えが見つかったり、人生の見方が変わったり、もっと大きな可能性に目を向けられたりする。

「答え」はいつだって自分の〝心〟が知っている

自分の心に正直に生きている人は幸せだ。

なぜなら生きていくには、いつも自分で「進むべき道」を決めなければならないからだ。

自分の心に正直に生きている人は、自分の行動に責任を持ち、自分の中に答えを見つけ、他人の意見よりも**〝自分の直感〟**を信じる。

しかし、「自分の心の声」ではなく「まわりの目」を気にしてしまう人は少なくない。

アランは高速道路からよく見えるところに豪邸を建てた。そして、みんなが自分の家を何と言うか、気になって仕方がなかった。

高速道路を車で通りかかった人に「ほら、あれがアランの家だよ。さすがだね」と言ってもらいたかったのだ。

「人から一目おかれたい」という欲求が、「騒音のない静かな場所に家を建てる」という欲求にまさったわけだ。

これなどは、自分の人生を他人に預けてしまっているわかりやすい例だろう。

私が今までに出会った、幸せで、人生に満足している人は、みな**自分の心に正直**だった。

結局、**幸せはあなたの内側からわき上がってくる**ものであって、他人の言動や環境に左右されるものではないのだ。

〝自分の本音〟に正直に生きてる？

自分の心に正直に生きている人は、いつでも柔軟で、とらわれない。「今までの考え方は、ちょっと間違っていたかな」と思えば、いつでも新しい考え方を取り入れられる。それは、彼らがいつも〝自分の本音〟に嘘をつかないからだ。

心が素直でいられるとき、自分にとっての「正しいこと」「いいこと」は自然とわかる。たとえば、あなたがある人と「仲よくなりたいな」と思うとき、これといった理由があるわけではない。ただ、心の声が、そうあなたに告げるだけだ。

これが、自分の本音に正直に生きるということだ。

反対に、「自分の本音」ではなく「他人の目」を気にして生きている人は、自分以外によりどころを求める。たとえば、友だちに「どうしても会いたい」と言われてその気になっていたのに、「やっぱりまたの機会にしよう」と言われると、どうしていいかわからなくなる。そして悲しくなったり、友だちに対して腹を立てたりする。

また、自分の心に正直に生きている人は、まったく新しい分野の仕事にも前向きに取り組める。ずっと仲違《なかたが》いしていた相手とも仲直りできる。八十歳になっても、新しい趣味を始められる。人と比較して落ち込むのではなく、自分のよさと相手のよさを素直に認められる。

自分の本音に正直な人は、たとえば、仕事がつまらないと感じたら、別の仕事を探すか、今の仕事を見直して、新たな興味をかき立てようとする。そうでない人は、ただ仕事の不平不満を並べてクサっているだけだろう。

心の声にしたがって、しなやかに変化していく人のことを、「信用できない」と言う人がいる。「ものごとは最後までやり通さなければならない」と信じているからだ。けれど、本当は**柔軟性と自発性のある人のほうが、そうでない人よりはるかに信用できる**。

前述した「自分の幸せは一〇〇%自分しだい」をいつも〝基本〟に考えよう。そうすれば、きっと自分の心に正直に、そして幸せに生きられるはずだ。

Lesson 3

「考えない」練習をする

“どうでもいいこと”で頭をいっぱいにしない！

この世には善も悪もない。
考え方一つですべてが変わってくる。

シェークスピア

人間は考える動物だ。

毎日、ひまさえあれば人生について考えている。過去を思い出してはクヨクヨし、未来を心配しては「ああでもない、こうでもない」と悩んだりする。

あなたの「考えること」があなたの「感情」になる

そして、あなたの「感情」は「考えること」から生まれる。

うれしいことを考えればうれしくなるし、運がよくなることを考えれば、運がよくなる。また、悲しいことを考えなければ悲しくならないし、頭に来ることを考えなければ腹は立たない。

とてもシンプルで、当たり前のことだ。

ところが、ほとんどの人は、こんな基本的なこともわかっていない。メンタルヘルスの専門家も例外ではない。

考える時間が長いか、短いかに関係なく、**「あなたの考えること」と「感情」はたしかに結びついている。**

たとえば、「月曜日は気が重いなあ」という思いが頭をかすめただけで、本当に月曜日は憂鬱になる。

「こんな本を読んだぐらいで、幸せへの近道が見つかるわけがない」

そう思ったとたんに、あなたは何も信じられなくなる。

考えるのは、他でもない自分。

そして、その自分の考えが、自分の〝感情のもと〟になっている。

だったら、**「いいこと」を考えて、「いい気分」でいたほうが、よっぽどいい**と思わないだろうか。

不運の連続、つらい過去、将来の不安、うまくいかない結婚生活――悩みはいろいろあるかもしれないが、あなたの感じ方を左右するのは「状況そのもの」ではなく、「その状況をどう考えているか」だ。

「あれがうまくいかない、これもうまくいかない」と考えるのをやめれば、現実が変わっていなくても、イヤな感じは消えていく。

心を乱す思いは、すべてあなたの「頭の中」から生まれる。

それを忘れてしまうから、「こんなことになってしまって……」と落ち込んでしまうのだ。

〝心のデトックス〟はこれが一番

もし、すべての夢がかない、すべてを手にしたとしても、**「あなたの考えること」と「感情」の関係**を理解していなければ、いっこうに幸せになれない。

私の知り合いにも、こんなふうに言う人がいる。

「わけがわからない。僕は金も名声もあるし、子供たちはいい子だし、結婚生活もうまくいっている。すばらしい家もあるし、将来の不安もない。それなのに、どうしてこんなに不安なんだ。何がいけないんだ」

知らないうちに、ネガティブな考えで頭がいっぱいになってしまっているのだ。

「考え方を変えれば、人生は変わる」、このことを忘れなければ、どんな困難にぶつかったときでも、考え方一つで、前向きに解決していける。

他の人から見たら「すごく大変そう」という状況にあっても、「これが、人生の醍醐味だ。なんだかやる気がわいてきた！」という充実感を味わえることだってある。

かくいう私も、うろたえ、いらつくことがある

「自分の考えたこと」にうろたえ、思いもしなかった精神状態になってしまうことは、誰にでもある。私自身の経験をお話ししよう。

私はストレス・マネジメントを仕事にしていて、家族を持ち、けっこう忙しい。原稿を書くのはたいてい明け方の三時から六時だ。子供たちはぐっすり眠っていて、電話もかかってこない。

ある朝、私はこの本にぴったりのアイデアを思いついて、興奮のあまり飛び起きた。コンピュータを立ち上げ、コーヒーを一杯いれたところで、末の娘がベビーベッドでぐずり出した。

「おいおい、勘弁してくれよ」

と、まず思った。いつもはまたすぐに眠るのだが、その日に限っていつまでもぐずっている。何度か抱っこしたり、あやしたりしたが、私がコンピュータの前にすわると、またぐずり出す。

「一人だけの時間がほしいと思っても、家では必ず邪魔が入る。家で仕事をするのは無理だ。事務所にいる時間をもっと長くしよう。子供はほんとに手に負えないよ」

一時間前は、「さあ、書くぞ」と意気込んでいた私が、今はすっかりうろたえ、いらついていた。

普段、私が人に教えているのとは反対のことをしていた。

つまり、「娘のせいで、朝の貴重な時間が台無しだ」と思っていたのだ。

そのときはすぐに反省し、頭を切り替えたが、同じようなことは誰にでも起こる。

それも一日に何度も。

頭で考えたことが「感情」をつくる、とこれまで書いてきたように、**考えること**

自体が心の状態を左右する。

「何に気を取られているか」ではなく、「気を取られる」ということ自体が問題なのだ。

私の場合、仕事ができなくなったことは**「一つの事実」**にすぎない。それを、**「子供に邪魔された」**と考えたことが心の状態に影響し、がっかりしてしまったわけだ。

そのとき、そんな考えをしている自分に気づけなかった。

これは、**自分で壁に頭をバンバン打ちつけながら、「頭が痛くなったのは、壁が悪い！」と言うようなもの**だ。

「終わったこと」をいつまでも引きずっていませんか

「そんなことばかり考えているから、イライラするんだ」と思うことがよくある。

たとえば、一時間前にパートナーと喧嘩をして、ずっとそのことが頭から離れないとしよう。このとき、あなたをいらつかせている原因はパートナーそのものであって、パートナーのことを考えているからではないように思える。

たしかに喧嘩の相手も、話し合わなければならない相手もパートナーだが、ここで問題なのは、あなたがイライラする理由だ。

それは、あなたが**「終わったことをいつまでも考えている」**からである。

私が「早朝に原稿が書けないのは、家族のせいだ」といらついてしまったことと根本は同じだ。

イライラの原因は、イライラしている本人の考え方と、その考えにとらわれていることに気づかない点にある。

ここに気づけば、**感情の暴走をストップさせ、フラストレーションからも解放されるはずだ。**

「考えたくなくても、考えてしまう」ときは

「気になること」があると、考えたくなくても考えてしまうことがある。

しかし、**「考えること」と「感情」の関係**について理解が深まれば、必ずしもそうはならないこともあると気づけるだろう。

深刻な問題を抱えていて、気持ちが暗くなっているとき、その問題を考えずにいることはとてもむずかしい。


たとえば、イヤな上司のせいで気分が悪いと思い込んでいるときは、上司のことが頭から離れなくなる。

しかし、上司のことを考えるから気分が悪くなるのだと納得できれば、上司のことが頭に浮かんできそうになったときに、それを頭から追い出すのはわりと簡単だ。

「考えそのもの」にあなたを苦しめる力はないとわかれば、そんな考えはどうでも

よくなる。どうでもいいものを頭から追い出すのは、むずかしいことではない。

ムカムカがスーッと消える魔法の言葉

私たちはいつでも、「考えたこと＝事実」であるかのような錯覚に陥る。頭の中で考えていることが現実で、「すぐにでもなんとかしなければ」と思う。

しかし、考えは考えとして、たしかに存在はするが、それ以上でも、それ以下でもない。そうとわかれば、ネガティブな思いが心に入り込んできても、無視するか、心の外に追い出すことができる。すると、そのうちにもっと前向きな考え方ができるようになる。

たとえば、ドライブ中に別の車が隣の車線から急に割り込んできて、あわや衝突といった場面で、相手のドライバーが悪態をつき、走り去ったとする。あなたは怒り心頭だ。

「いったい何を考えているんだ。まったく信じられない」

と思う。そのことを考えるだけでイライラし、午前中はそのことが頭を離れない。そして思い出すたびに怒りがこみ上げてくる。

仕事が終わって家に帰ってから、今度は友だちに電話をしてその話をする。するとまたムカムカしてくる。あなたの頭の中はネガティブな思いでいっぱいだ。

たしかに不愉快な出来事だったが、**実際にはわずか数秒のことだ**。事故にもならなかったし、車に傷一つついたわけでもない。

それでもイヤな気分は一日中続き、その後も尾を引くだろう。

何か考えるときには、「それが自分にどう影響するか」について考えよう。

どんな影響があるかを実感すれば、自分で自分の頭をイヤな思いでいっぱいにする前に我に返るだろう。あわや衝突事故になるところだったとはいえ、その日一日が不愉快だったのは、相手のドライバーのせいではなく、あなた自身の考え方のせいだ。

「あれは、終わったこと！」とパチッと気持ちを切り替えるのだ。

ネガティブな考えを手放せば、だんだんと明るい気持ちになってくる。

「あのドライバーは頭がおかしい」という思いが頭に浮かんできて、モヤモヤ、イライラしてきたとする。そのとき、それに続けて、また〝イヤな気分〟になることを思い出すのではなく、

「まあ、いいか」

と思うこと。

後ろ向きな考え方が心のすき間に入り込んできたら、徹底的に分析するか、さっさと追い出してしまうのだ。

感情の〝言いなり〟にならないで！

落ち込んでいるときに考えたことや思いつくことは、たいていナンセンスだ。

気分がよくなってから思い返してみると、「なぜ、あんなバカなことを考えたんだろう」と思うのがオチだ。

落ち込んでいるときは、みじめで、意味がないと思っていた人生が、気分が変わるだけで、楽しくて、希望に満ちた、かけがえのないものになる。

「気持ちがパッと明るくなる考え」こそ大切にしよう。

あなたの考えていることが、〝考える価値〟のあるものかどうかは、それを考えているときの感情でわかる。

何かを考えて、イライラしたり気持ちが暗くなったりしたら、そんな考えは即刻、忘れ去ること。反対に、気持ちが明るくなるようなら、その考えは大切にするといい。

自分で自分に脅迫状まがいの手紙を書いてみたとする。それを読んで、あなたは気分を害するだろうか。

もちろんそうはならない。なぜだろう？

その手紙を書いたのは自分だとわかっているからだ。

同じように、「ワッ！」と自分で自分を驚かそうとしても、うまくいかない。

自分でしていることが「わかっている」から、怒ったり、恐がったりしなくてすむ。

「考えること」と「感情」の関係についてもまったく同じである。

幸せを手に入れるには、感情の言いなりになってはいけないと気づくことだ。

一つの思いに気を取られていると、心配なことで心がいっぱいになり、人生の明るい面に目が向かなくなってしまう。

しかし、不安な思いにつかまらなければ、ネガティブ思考が心に忍び込むことも少なくなり、すがすがしい人生をつくっていける。

Lesson 4

「プラスの面」に注目する

「いいこと」を望むと、もっと「いいこと」が起こる!

1
2
3

悲観論者は、星の秘密を発見することもできないし、
地図にない土地を目指して船出することもできないし、
人の魂のための新しい楽園を開くこともできない。

ヘレン・ケラー

生きていると、誰しも「まいったなあ」という場面に出合うものだ。

ちょうどこの章を書き始めようとしたとき、車の修理店から電話がかかってきた。ブレーキを修理するのに、部品を追加しなければいけないので、最初の見積もりの倍の金額がかかりそうだという。

もし私が悲観的な人間なら、電話の後で「まったく、いい加減なもんだ」と、きっと不平不満を並べただろう。でも、私は楽天家なので、

「まぁ、いいか。これでブレーキはだいじょうぶ。走りもよくなるかもしれないな」

と考える。

つい後ろ向きに考えてしまう人は、何かあると「最悪の事態」を想像してしまう。

家の前にゴミが落ちていれば、いやがらせかもしれないと思い、水道管の水漏れがあ

れば、マンションが崩壊すると思い、子供がくしゃみをすれば、インフルエンザにかかったと思う。

しかも、「それはきっと、自分のせいだ」と想像をたくましくすることもある。

「ドタキャンされた！」――そんなとき、あなたなら？

マイナス思考の人の行動は、どんなふうに歪《ゆが》められるのだろうか。

たとえば、親友がランチの約束をドタキャンしたとする。空いた時間を有効に使おうと思えればいいのだが、あなたはすっかり気分が暗くなってしまう。

「またドタキャン？　あの人、いったい何様のつもり？　もう友だちやめよう」

こんな考えも頭の中に浮かんでくる。

そして、ドタキャンされた自分がかわいそうになり、「自分は何も悪いことはしていないのに……」と、だんだん腹も立ってくる。

ポストを見ると、週末のコンサートのチケットが届いていた。たった今ドタキャンした友だちと一緒に行くつもりだったが、またドタキャンされたら、たまらない。だから、今度のコンサートも行くのはやめて、チケットは誰かにゆずってしまおうかな……。

一見すると、こんなふうに考えるのも、もっともだと思える。

でも、よく考えてみると、「ドタキャンされた不愉快な思い」に引きずられて行動し、楽しみにしていたコンサートを棒に振ろうとしているのだ！

「ドタキャンされて、さみしかった」
「一緒にランチができなくて残念」
が本当の理由なのに。

「私には頭にくる〝権利〟がある」という気持ちもよくわかる。

同じように、あなたには心臓発作を起こす「権利」もあれば、交通事故に遭う「権利」もある。

でも、そんな権利はいらないと言うだろう。

それと同じで、**〝頭にくる権利〟だって、手放したほうが何十倍も気分よく生きられる。**

何を見ても〝イチャモン〟をつける人

ビクトリアは、厭世《えんせい》的で悲観的、何を見ても、マイナス思考しかできなくなっていた。

「今日は寒いね」と言えば、「うっとうしい天気ね」と答える。

前向きな人は、「少し寒いほうが、体を動かすにはちょうどいい」と考えるものなのに。

暖かければ暖かいで、「ムシムシするわ」と悪態をつく。

ドライブをすれば、二台ほどやりすごしてから車線変更をして、こうつぶやく。

「さっきの二台は、すごく意地悪だったわ」

前向きな人は、「すぐに車線変更できてよかった」と思うのに。

私のところにカウンセリングに来た当初、ビクトリアは、「自分が前向きに変わらなくては」とは、これっぽっちも思っていなかった。

「悪いのは世の中だ」と思っていて、「誰かが自分の思ったとおりに動いてくれたとき」だけ、気分がよかった。

もちろん、そんなことはめったにない。

とにかく、何を見ても気に入らないらしく、私のオフィスの窓の外に咲いていたきれいな花にまでイチャモンをつけた。

まず私は、**何にでもすぐにイチャモンをつけないと気がすまない思考回路が、面白くない毎日をつくっている**ことを彼女に気づかせることにした。

そこで、「これ以上無理というぐらい腹を立てるにはどうしたらいいか、考えてみてください」と言った。

すると彼女は、「腹を立てるには、腹の立つようなことを考えればいい」ということに、すぐ気がついた。

ビクトリアは自分が抱えている（と思っている）問題は、彼女の人生そのものではなく、「人生をどう考えているかだ」ということがわかってきた。

彼女はいつも〝まわり〟を変えようともがいていた。

しかし、**変えるべきは、他の誰でもない「自分」**だ。


「そうか。自分が変わればいいんだ」

とわかると、すがすがしい気分になれるし、もっと自由になれる。

なぜ〝前向きな人〟ほど才能が開花するのか

もっと前向きに、積極的になろう。

積極的に生きると、どんな素敵なことが起こるだろう？

答えははっきりしている。

もっと幸せになれる。仕事の能率が上がる。おおらかになれる。
そして、人生が楽しくなる！

未来は明るいと信じていれば、幸せな気分になれる。イヤなことを思い出すのをやめ、マイナス思考を頭から追い出そう。

前向きになれば、目の前のことに気持ちを集中できる。だから、もっと才能を伸ばし、元気いっぱいになれる。

積極的に行動していると、あまり卑屈になることはない。前向きな人は、視野も関心の幅も広く、どうすればもっと人生が充実するか、自分の可能性について考える。

マイナス思考の人は「自分のこと」にばかり意識が集中して、自分にさえ災難がふりかからなければいいと自己中心的になってしまう。

ものごとをプラスの方向に考えていくと、希望が生まれる。他人の善意を信じられ、人生がキラキラと輝き出す。自分の長所を伸ばして、ベストの力を発揮できるようになる。

たとえば文章を書くのがうまいとか、テニスがうまいとか、本を読むのが好きだとか、一つでも得意なことがあれば、自信が生まれ、もっとその才能を伸ばしたいと思うだろう。

そして、**その得意なことを前向きに生かしていくうちに、成功が成功を呼ぶプラスの循環が生まれる**のだ。

〝イヤイヤ体質〟改善レシピ

悲観的になると、仕事も、家族も、何もかもが重荷に感じられ、生きていくのがつらくなる。何をやっても大変なことばかりが目につき、「どうして私ばかり、こんな目に遭うのか」と恨めしくなる。

皿洗いだって、イヤでイヤでたまらない。

会社に行けば楽しいこともあるはずなのに、いつだって早く家に帰りたいと思っている。でも、家に帰れば帰ったで、全然つまらない。

いつも「今よりはましな人生を手に入れたい」と思っているので、いつでも楽しみを先送りにしてしまい、自分から悪循環にはまってしまう。もし人生が上向いてきたとしても、それを喜ぶことはなく、もっと上があるはずだと考える。

そんな〝イヤイヤ体質〟を改善する上で、もっとも即効力がある方法が、**楽天的に考えること**だ。

ほんの少し、楽天的になれば、人生をもっと楽しめる。

ほんのちょっとした考え方の違いで気分が変わり、気分が変わると、ものの見え方が一八〇度変わってしまうのだ。

「ハッピー拒否症」に勝利はやってこない

私はこれまで、**楽天的に生きる**ことの大切さについて語ってきたが、いつも同じ反論をされる。

私はそれを**「ハッピー拒否症」**と呼んでいる。

悲観的にものごとをとらえる人は、楽天的に考えることを、「人生の厳粛《げんしゅく》な真実から目をそむけたり、無関心になったりすることであり、人から浅はかだと馬鹿にされる」と感じてしまうようだ。

しかし、それは間違っている。

楽天的に前向きに考えられる人も、事実は事実として受け止めている。

ここで楽天家のフレッドと、厭世家のジーンを比べてみよう。

二人とも同じ会社をリストラされた。

フレッドは失業しても希望を失わず、悲観的な考えにとらわれることがない。きっとだいじょうぶだと自分に言い聞かせ、本当にそう信じている。失業したのは運が悪かっただけで、きっともっといい仕事が見つかると信じて、仕事を探している。

一方、ネガティブ思考のジーンは打ちのめされ、思考はストップ状態。腹が立ってしょうがないし、自分を憐れみ、被害者意識にさいなまれている。そして不景気だから、次の仕事なんか見つかるわけがないと思い込んでいる。

さて、現実から目をそらしているのは、どちらだろう。
もちろん、現実的なのはフレッドで、ジーンは何も考えていない。
フレッドは**可能性を大切にしている**が、ジーンはウジウジ、グダグダと、悪いことばかり考えている。
どちらに勝算があるかは、言うまでもないだろう。

「なんとかなるもんですよ」

楽天的に考えられる人は自分を信じ、人生をよい方向に変えていく力が自分にはあると信じている。

失業したら、朝から晩まで仕事探しに走り回るだろう。うまくいかなければ、あの手この手を駆使して、最後には必ず新しい仕事を見つけるだろう。もし不治の病を宣告されても、絶対治ってみせると思うだろう。

失敗をした後は、さすがの彼らもちょっとはへこんで、「もう、どうでもいい」と思ってしまうかもしれない。でも、**しばらくしたら気を取り直して、「次はうまくいく」と信じて行動する。**

何が起こっても、楽天家は、**「最後にはきっと、うまくいく」**と思っている。

「幸せになること」が彼らの最終目標なのだ。

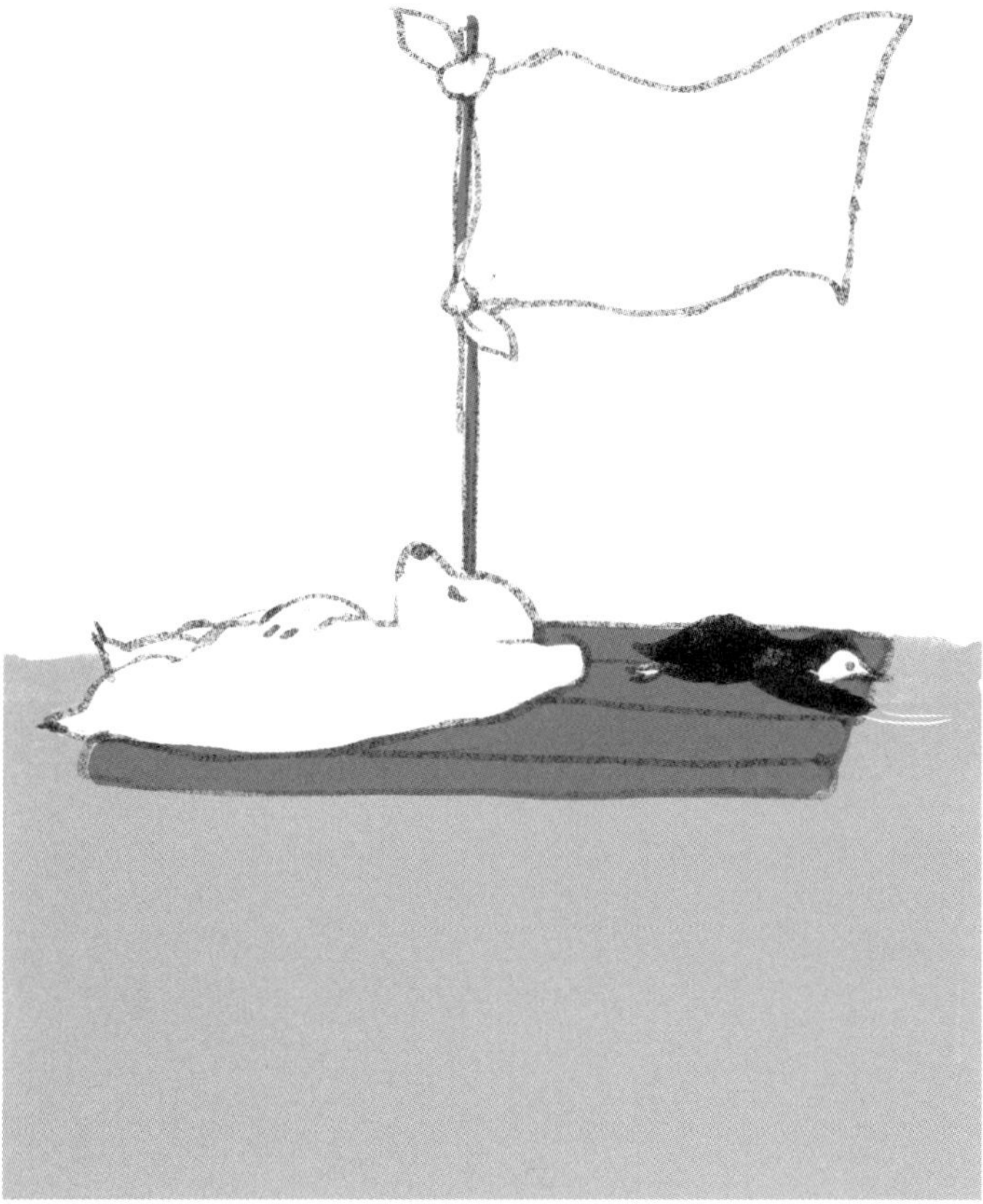

門を叩き続ける人には、必ず門が開かれる

悲観しがちな人の手に負えないところは、「どうして、そんなに悲観的なの?」と言われても、〝聞く耳〟を持たないことだ。話をしているこちらまで暗くなってしまう。

私の知り合いで、ずっとコンピュータソフト販売の在宅ビジネスのプランをあたためていた男がいる。

しばらくして彼は、夢をめざして走り始めたが、夢追い人の常として、いくつかの障害にぶちあたった。百人近い業界人に相談してみたところ、全員が失敗すると断言した。

しかし彼はあきらめるどころか、相談した相手が悪かったと、ますます人脈づくりに励み、数カ月後にやっと彼のアイデアを理解し、適切なアドバイスをしてくれる人に巡り合った。

つまり、**門を叩き続ける人には、必ず門が開かれる**ということだ。

今ではビジネスも軌道に乗り、すべてが順調だ。

そして、ビジネスが大成功することがわかった後でも、「失敗するに決まっている」と言っていた人たちに向かって「俺の言ったとおりになっただろ」と、勝ち誇ることはなかった。

馬鹿にもされたし、批判もされたが、それはそれで彼にはありがたかった。**「なかなか理解してもらえないということは、自分のアイデアがユニークな証拠だ」**と思って、がんばることができたからだ。

彼のような筋金入りの楽天家もめずらしいが、たとえビジネスがうまくいかなかったとしても、同じように彼は幸せな人生を送っていただろう。

こうなれば幸せだとか、あれがあれば自信が持てるのにとか、**楽天家に〝条件付きの幸せ〟は似合わない。**

まず、自分を全面的に信じるところから、成功、そして幸せは始まる。

そして**たとえ失敗しても、前向きな人はそこから多くのことを学び取り、次のチャレンジに向けての糧《かて》にするのだ。**

「こうだと、いいな」という未来を思い描いて

楽天的に生きていれば、イヤなことから逃げられるわけではない。**どんなことにもプラス面とマイナス面があるが、まずはプラス面に注目**しよう。

楽天家は、「考え方を変えれば人生が変わる」ことを本能的に知っている。だから、彼らは頭の中に**「こうだと、いいな」**という未来を思い描く。

前向きな人は、**「成功するにはどうすればいいか」「この状況で何をするのが正しいか」**と考える。

それは、大量の砂の中から砂金の粒を見つけ出すようなものだ。探しているものが見つからなければ、場所を変える。

前述のウエイン・W・ダイアーは言う。

「ゴミゴミした都心で駐車する場所を探そうとしている悲観論者は、実は何も目に入っていない」

つまり、マイナス思考の人は文句を言うのに忙しくて、「目に入るのは満車の駐車場ばかり」というわけだ。

それに対して楽天家は、簡単に駐車スペースを見つけることができる。「空車」に意識を集中して、「だいじょうぶ、そのうち駐車できる」と信じているからだ。

〝心の扉〟を全開にすれば、幸せは勝手にやってくる！

プラス思考が「幸せへの近道」になるのは、プラスのことに目を向けた瞬間に、**人間的な成長が始まる**からだ。

プラス思考が習慣になると、過去を振り返るときは、**〝ワクワクするような興奮〟**

を覚え、現在の状況を**〝曇りのない目〟**で眺めることができ、未来は**〝希望〟と〝ビジョン〟**に満ちあふれて見える。

困難な出来事や状況さえ、彼らにとっては、ゾクゾクする「チャレンジ」になる。

楽観的になると、人間関係はまたとない〝学びの場〟となる。

いろんな人に出会えること自体が刺激的だし、たくさんの人に会えば、すばらしい人間性や愛情の深さにふれるチャンスもふえる。そして、いろいろな性格の人がいるからこそ、人づき合いは面白いと実感できる。

小さなことにクヨクヨせず、長期的な視野を持ち、自分や他人の欠点を許せるようになれば、あなたは成長し、変わることができる。

マイナス思考に頭を占拠されると、不思議なくらい問題ばかりが目に飛び込んできて、しかもその解決策はまったく見えてこない。

だからこそ、**ものごとをプラスの側面から見る**ように心がけること。

これまでの失敗に固執するのではなく、**「いい経験だった」**と視点を変えること。

そして、心の扉を全開にして、**〝新しい発見〟**に胸をときめかせよう。

幸せな未来を思い描けば、「幸せになる」という目標はすぐに、しかも簡単に達成することができる。

Shortcut Through Therapy

Lesson 5

考え方は、人それぞれ

人間関係のストレスが不思議なくらい消えていく!

どんな「ものの見方・考え方」を選ぶかに
その人の〝教養〟が表われる。

ホセ・オルテガ・イ・ガセト

「あなたは人とは違っていますか?」

こう尋ねれば、百人が百人とも、「はい」と答えるだろう。

ただ、どういうわけか、人間関係のストレスを解消するために、この考え方を活用する人はほとんどいない。それどころか、人づき合いで問題が起きるのは、「相手が自分と違いすぎるからだ」と言いたがる。

ほとんどの人は、人にはその人なりの個性があること、そして、相手が自分と同じように考え、行動することなどないと頭ではわかっている。けれど、相手が予想外のリアクションを返してくると、ストレスを感じるのだ。

「彼は、なんであんなことを言ったのか」

「自分だったら、あんなやり方はしないな」

「あの人の言い草には、いつもうんざりさせられる」

「どうしてみんな、思ったとおりに動いてくれないの」

あなたも、こんなふうに言って、ため息をもらしたことがあるかもしれない。

そこでこの章では、**人と自分との違いを楽しみつつ、人間関係を円滑にする新しい視点と方法**を紹介しよう。

「みんな違って、みんないい」

不思議なことに、私たちは気分が落ち込んだときほど、自分と相手との考え方や意見の違いにこだわってしまう傾向がある。

「考え方は、人それぞれ」「みんな違って、みんないい」と考える余裕をなくして、「彼は間違っている」「私のほうが正しい」と、相手を変えようとしてしまうのだ。

こんなときこそ、**「お互いの違いこそが、人生を面白くしている」**と思い出すことだ。

相手と自分の考え方が違うからといってストレスを感じることはない。**違うからこそ、お互いに刺激を与えられ、新しい視野も開けてくる。**

考えの違いがあったとしても、相手に悪意があるわけではない。人の考えや信念などは、それまでの人生経験や出会った人たちから影響を受けてつくられていく。それがわかれば、小さなことや自分のメンツにこだわる気持ちは薄れていく。

違いに目を向けていては、本質を見失う

けれど、多くの人はまるで反対のことをしている。

つまり、お互いの「合わないところ」をあぶり出す一方で、どうにかして共通点を見つけて安心しようとするのだ。だが、これはなかなかうまくいかない。

互いの「違い」をあまり大きな問題として取り上げないようにすれば、もっと穏やかな気持ちになれる。お互いに顔を見るのもイヤだという人たちの調停役を引き受

けたときなども、そうするしかない。

ある問題について、「人と意見が合わない」ことが気になっていると、その問題が憂鬱《ゆううつ》の原因だと考えがちだ。

しかし、**「考え方は、人それぞれ」**ということを、本当のところでわかっていれば、そんなことにはならない。

小さな違いに目を奪われていると、もっと注目したい相手の長所を見逃してしまうものだ。

あなたも、「どうも、あの人は苦手だなあ」と思うことがないだろうか。

そんなとき、親友と自分との違いには目くじらを立てない人も、「嫌いな人との違い」は、妙に気になったりする。

たとえば、親友がスポーツ好きでないことは気にならないのに、嫌いな人がスポーツ好きではないと、なぜか引っかかる。

「そもそも、彼のことが苦手なのは、彼がスポーツに興味がないからだ」とさえ思ってしまう。

要するに、違いがあるとか、ないとかなんて、本当のところ、どうでもいいということだ。

大切なのは、**相手に対するあたたかい愛情。**それだけだ。

〝やっかいな相手〟とは、異文化コミュニケーションを楽しむように

数年前、私は妻と一緒にインドを旅行した。そしてインドと自分たちの文化のあまりの違いに驚かされた。

インドに着いて間もなく、私たちはたくさんの人に囲まれ、すっかりまいってしまったのだ。まるでみんなが私のまわりに群がってきているような気がして、パニックになりそうだった。

「なんでそんなに密着してくるんだ！　もっと離れてくれ‼」

と、私は勝手に腹を立てていた。

夜になって、別のアメリカ人にそのことを話すと、彼はクスクス笑いながら、それがインドの文化なのだと教えてくれた。

アメリカでは、他人にそれ以上近づかれると不快に感じる「パーソナル・スペース」という考え方があって、他人とは一定の距離を保つことが礼儀とされている。

しかし、それはアメリカの慣習で、インドで適切とされる距離はアメリカの半分以下だというのだ。

国によってルールは異なっていて、どちらが正しいとも、間違っているともいえない。

「なるほど、そういうことか」と思った瞬間、まるで魔法が解けたかのように、不快感が消えてなくなった。

そして、文化の違いに対する関心が高まってくるのを感じた。

これと同じような経験をしたことがある人も多いだろう。たとえばメキシコ人は、普通は働いているはずの時間に、シエスタという長い昼寝の時間を取る。また、ヨーロッパの多くの国では、普通は寝ているはずの遅い時間にコーヒーを飲む。

私たちは、外国の人とコミュニケーションを取るときは、お互いの文化的な違いを尊重しようと思うのに、**なぜか身近な人が相手だと、お互いの違いを認めることができない**。まったく不思議である。

人は〝自分に都合のいいように〟相手を見る

私たちは、一人ひとりが**「思考フィルター」**のようなものを持っていて、それを通して情報を選んだり、世の中を眺めたりしている。ちょうど、いつもサングラスをかけて景色を眺めているようなものだ。

あなたが「最近、世の中はギスギスしている」という思考フィルターを持っているとする。
ある朝、朝刊を読んでいると、強盗団が横行しているという記事が目に止まった。やっぱり自分の考えていたことが本当になったと、あなたはほくそ笑む。そして友だちに電話をして、強盗団の記事の話をする。

「だから言っただろ。僕はずっとこうなるとわかっていたんだ。人間はどんどん堕落《だらく》しているんだよ」

同じ新聞には、「ボランティア活動が盛んになっている」という記事も出ている。けれど、**人間というのは、いつでも「自分の考えが正しい」と証明したがる**ため、自分の考えを補強してくれないプラス面を扱った記事が引っかかってこないのだ。

同じように、「男なんか信用できない」と思っている女性は、男性とつき合い始めると、たとえその男性が誠実な人であっても、無意識のうちに自分の信念が正しいことを証明しようとするのだ。

あなたの〝常識〟は相手の〝非常識〟かもしれない!?

思考フィルターは人によって異なっているので、たとえ同じ文化の中で育ったとしても、**まったく同じ人生観を持った人は二人といない。**

たとえば、トムとマリーは、出会ってすぐに結婚したが、「具合が悪くなったときにパートナーに期待すること」がまったく正反対だった。

トムは具合が悪いときは、放っておいてほしいタイプだった。特にマリーにはかまわれたくなかった。ベッドで朝食を取るのもイヤ。寝室に花を飾るのもイヤ。朝、新聞を持ってきてもらうのもイヤ。

とにかく、具合が悪いときは一人にしてほしいタイプで、マリーが自分を愛しているなら、自分の希望どおりにしてほしいと思っていた。

ところがマリーは、正反対のことを考えていた。彼女は具合が悪いときはかまってほしいタイプで、特にトムにはやさしくしてほしかった。もし彼女を本当に愛しているなら、彼自身のこだわりは忘れて、思いやりを見せてほしいと思っていた。

マリーが初めて病気になったとき、トムは彼なりに精いっぱいの気遣いを示した。つまり、十二時間ほど家を留守にしたのだ！　当然のことながら、マリーはがっかりした。彼は私のことなんかどうでもいいんだと思った。

でも、本当はその反対だった。トムは留守にすることが彼女のためだと思っていた。「具合が悪いときに、誰かにまわりをウロウロされたら我慢できないだろう」と考えたのだ。

この程度なら笑い話ですむが、人間関係のゴタゴタは深刻なものも少なくない。

人には、一人ひとり、いろいろな好みやこだわりがある。その人なりの「きちんとした」子育ての方法とか、お金の「正しい」使い方がある。

しかし、考え方の違いがどこから生まれているのかがわかれば、相手と自分が違っていても、それほど気にならなくなる。

「意見が合わない！」と感じたときの処方箋

人には「その人なりの現実」があることを知れば、謙虚になれる。

自分の考えが一番だとは思わなくなるし、相手の考えを尊重できるから、人間関係もうまくいくようになる。

自分では「紛れもない真実」だと思っていたことが、実際は「ただの思い込み」だったと認めるのはなかなかむずかしいが、そんなことは毎日のように起きている。

ほんの少しだけ、相手の思考フィルターを想像すれば、無駄ないさかいやイライラはずいぶん減るはずだ。

誰かと意見が合わないと感じるとき、たいていは相手も「なんて話のわからないヤツなんだ」と、あなたのことを思っている。

相手の主張は、その人の経験に基づいたものであり、一方、あなたの意見も、あなたの経験に裏打ちされたものだ。それなら、お互いの意見が合わないのは、不思議ではない。むしろ、合わなくて当たり前だ。

ここで大切なのは、あなたの思考フィルターを変えることではなく、**自分の思考フィルターは、自分が好きなようにつくり上げたもの**だと肝に銘じることだ。

そして、相手にも同じように、その人なりの思考フィルターがあることを受け入れるようにすればいい。

パートナーや同僚、友人など、私たちは親しい人に対してつい、「自分と同じ人生観を持ってほしい」と、ひそかに期待してしまう。

けれど、これは相手にとって迷惑なだけでなく、非現実的でさえあるのだ。

「違い」を受け入れられるようになれば、あなたの視野はグンと広がるのだ。

自分と同じ人生観を持っている人などいないと納得できれば、他人の人生観を変えようと、無駄な努力をすることもない。自分とは違う人たちの考え方を楽しみ、学ぶことができる。

みんなが自分の考え方に賛成してくれればいいとは、誰もが思うことだが、そう思っている間は、どうしても人の意見を聞く余裕がなく、守りの態勢に入りがちだ。

しかし、みんなが賛成してくれることなどあり得ないとわかれば、意見の食い違いに対する見方が一八〇度変わるだろう。

〝恋人気分〟を味わいたかった私への「妻からの一言」

私と妻の場合、お互いに見ている現実が違うということがわかって、大事に至らずにすんだ。

もうだいぶ昔のことになるが、初めての子供が生まれる前、子育てで忙しくなる前に、二人で旅行に行くことにした。

私としては、音楽を聴いたり、浜辺を散歩したりと、恋人気分を味わいたくて、アメリカ北西部へのロマンチックな旅を提案した。するとと妻は、目をクリスマスツリーのようにキラキラさせながら、こう言った。

「まあ、素敵！　お父さん、お母さんともゆっくり会えるわね」

「……」

「どうして妻（または夫）は、私と同じような人生観を持ち、同じことを大切だと思えないのでしょうか」

長年、こんな相談を受けてきた私が、まさに同じ状況に陥るとはお笑いである。

私はロマンチックな休暇を思い描いていたのに、妻にとっては家族と再会することのほうが大切だった。これは、二人の人間が、同じことについて、どれほど違う考え方をするかを示す典型的な例だ。

〝相手への期待〟が大きければ大きいほど〝イライラ〟も募る

人生観の違いは、その人が「何を現実ととらえるか」によって変わってくる。そのことに気づけば、謙虚になれる。

そして**謙虚になれば、「自分と相手とは感じ方が違う」というだけでイラッとし**

たり、ムカッとしたりすることはなくなるだろう。

「考え方は、人それぞれ」という法則をきちんと自分のものにできたかどうかは、人に対してイライラするか、しないかでわかる。

私たちは、**無意識のうちに「相手はきっと、こんな言葉を返してくれるはず」といった〝期待〟をしてしまう。**

そしてその期待が外れたとき、一人で勝手に失望したり、ムカついたりする。

だから、**人によけいな期待をするのをやめる**こと。

自分の「思考フィルター」を外して、相手と全面的に関わっていくのだ。

そうすれば、むやみにイライラすることもなくなり、いい人間関係を築いていける。

グサッとくる一言を〝個人攻撃〟と思わないコツ

人それぞれに、**「その人なりの現実がある」**ということが腑《ふ》におちると、相手の言動を「個人攻撃」と受け取らなくなる。

生きている限り、人は「自分の人生が、いかに価値があるか、正しいものか」を証明しようとする。

だから、**相手の「人生観」を変えようとしても、たいてい徒労に終わる。**

たとえば、私があなたのことをどう思うかについて、あなたができることは何もない。

私が今とは違う人生観を持っていれば、あなたに抱く印象はきっと違っただろう。

同じように、思ったとおりに動いてくれない相手にイライラするのは、あなたがそのようにプログラミングされているからで、相手のせいではない。

イライラは、自分の内面から生まれる。だとしたら、あなたがどんなにイライラしようと、まわりの人がそのことで気分を害する筋合いはない。

お金、子育て、セックス、仕事のやり方など、意見の対立が起こりやすいところでこそ、「人それぞれの現実」というシンプルな考え方が、人間関係の緊張を和らげてくれる。

〝人類学者〟になったつもりで、まわりの人を観察してみる

人類学者になったつもりで、一度、まわりの人の行動をよく観察してみよう。

すると、「なんで、あんなことするんだ?」と思う代わりに、**「なるほど! この人はそういうふうに世の中を見ているんだ」と新しい視点が得られ、**相手の言動にイライラしなくなる。

ただし、心の底ではイラッとしているのに、自分をごまかさないこと。納得いかないうちは、何度でもこの章を読み返そう。

繰り返すが、人の言動を腹立たしく感じるのは、相手に自分と同じように考え、行動することを「期待」するからだ。

それを克服したければ、人はそれぞれ違う人生観を持っていて、自分の思うように

はならないと、繰り返し肝に銘じるしかない。

自分から相手に興味を持つ

私たちは、自分を守るために、無意識のうちに、

「相手に拒否されるぐらいなら、自分から相手を拒否したほうがいい」

と思ってしまう。

そして、こんな後ろ向きな言動で人間関係を台無しにしないためには、どういうときにそうなるかを、知っておくべきだろう。

「人には、その人なりの現実がある」ことを知っていると、自分を守ろうとして相手を拒絶することが抑えられ、相手との距離は縮まっていく。

相手の間違いを指摘したり、意見を変えさせようとしたりするのではなく、純粋に**「あなたに興味があります」「仲よくしたいです」という気持ち**が伝われば、相手は

心を開いてくれる。

人はみな違っているということを「理屈」として理解するのではなく、**「心から納得」**していれば、今度は「他の人は、どういう考え方をするのかな?」と興味がわいてくる。

それは、大嫌いな相手であっても例外ではない。

生い立ち、専門分野、成功体験、失敗体験……どういう経験や知見が、その人の〝人となり〟をつくったのかと考えるのは面白いことだし、**いろいろな人がいるから世の中はすばらしい**と気づくだろう。

「個性」があるから〝ハーモニー〟も生まれる

全員が同じ旋律を歌っていたのでは、ハーモニーは生まれない。同時に別の旋律を歌うことによって、初めて美しいハーモニーが生まれる。

人間関係がうまくいっている人は、考え方や意見の違いに、いちいち腹を立てたりしない。

「人はみんな違うもの」だと、頭でわかっているだけではダメで、それが身についていなければならない。

どんな人もユニークな存在で、私たちに何かを気づかせてくれる。自分とは違う人の存在が、成長を促してくれているのだ。

Lesson 6

「心の声」に耳をすます

パッとひらめいたことは、案外正しい

知恵のないところに幸福はない。

ソフォクレス

あなたは自分の中の〝頼もしいパートナー〟の存在を、いつも意識しているだろうか。

私たちの内側には、私たちを導く**「心の知性」**が備わっている。

「心の知性」は人生の水先案内人で、あなたを正しい道へと導いてくれる。何に注意し、何をよく考えるべきか、何をすべきか、どんなことなら無視してもかまわないか——そういったことすべてを教えてくれる。

この**「心の知性」**は目に見えないので、わかりやすく数値化したり、合理的に説明したりはできない。それは、はかりしれないほど深いものだ。**それは、何も考えていないときにパッとひらめく〝声なき声〟**のようなものだ。

頭で考えたことを口に出すのはたやすいが、心に浮かんだ思いを言葉にするのはむずかしい。

それでも、**心の深いところにある知性にアクセスする方法はある。自分の内側にある知性を信じる**ことで、私たちは幸せで、満足できる人生に最短でたどり着ける。

“頭でっかち”に考えると、大切なことを見失う

あなたの人生で、心の知性がどう役に立つか、簡単な例を見てみよう。

友人があなたのためにディナーパーティを開いてくれた。すばらしいご馳走を用意してくれたのだが、あなたはあまり体調がよくない。料理はおいしいのに、一口食べるごとに、ますます気持ちが悪くなってくる。

もう食べるのはやめておけと、心の声がささやく。

「たしかに、そのとおり」と思うが、友人のことを思うと、料理を残すのは申し訳な

い。気持ちが悪いのはそのうちよくなるかもしれないし、一生懸命に料理してくれた友人をがっかりさせたくないから、我慢して食べるのが礼儀ではないか。しかし、心の声はずっと「このまま食べ続けると、大変なことになるぞ」とささやいている……。

あなたなら、どうするだろうか？

こんなときは、心の声にしたがって食べるのをやめ、友人にはよく事情を説明して、わかってもらうことだ。

〝心の声〟は、ときに転職や離婚、子供のしつけ、ダイエット、禁煙など、苦しみを伴う決断や行動を促すこともある。

頭で考えることも、もちろん大切だが、心の知性が語りかけてくる声に耳を傾けたほうが、後悔しない選択ができることが多い。

心の知性のささやく声は小さく、理性では説明のつかないことを言ったりする。

心の知性に形はないが、必ずあなたの心の中のどこかにある。あなたは、そのことを信じるだけでいい。

「心の知性」というと、スピリチュアル的なイメージがあるかもしれない。だから、ちょっと敬遠してしまう人もいるだろう。

知的レベルの高い人は、理知的、論理的に考えて「生きるべき道」を見つけ出そうとする。しかし、**頭でっかちに考えると「大切なこと」を見失ってしまう**こともある。

ひらめきや心の知性は、「自分は何をすべきか」について確信を与えてくれるし、直感や創造力の源となり、幸せを実現してくれるのだ。

頭がいい人ほど〝知恵〟が働かない!?

どんなにＩＱが高いからといっても、「幸せになる能力」が高いかといえば、それはまた別の問題だ。

キムは優秀なビジネスウーマンで、会社でも重要な経営判断を任されていた。いろいろなデータを分析し、選択肢を徹底的に調べた上で、社員に指示を出していた。

しかし、あるときから自分の決断が正しいかどうか迷うようになり、不眠症にまでなってしまった。最終的な決断を下すのは、いつも締め切りギリギリだった。

仕事に忙殺されて、心身ともに疲れきっていたキムは、しかし仕事の成果には満足しているようだった。いわゆる「優秀」な人は、「結果」さえ伴っていれば、仕事のやり方を見直すことなど考えない。キムにとっては、「結果」がすべてだった。

キムが悩んでいたのは、「仕事の能力」についてではなく、**仕事のことばかり考えて、ストレスでくたくたになってしまうこと**だった。

そこで、私は「ストレスから解放されたら、会社にはどういうメリットがあるかを考えてみるように」とキムに言った。

「あなたがストレスで死んだようになっていたのでは、会社の役には立たないでしょう」

と言うと、彼女は笑っていたが、言いたいことはわかってくれた。

しばらくすると、彼女は「四六時中、ああでもないこうでもないと考えていることが、必ずしもいいことではない」と気づくことができた。

これまでは締め切りギリギリまで悩み抜いた上で、最終的な決断を下していたが、ほとんど例外なく、**最初の直感で「これだ」と感じた選択と同じ結果**になっていたことがわかったからだ。

ただ、違っていたのは、彼女の精神活動の量と質、そしてストレスの大きさだった。

頭の〝休憩タイム〟も絶対必要

頭を休めて、もっと「心の知性」の声に耳をすまそうと言うと、「だったら、何も考えるなということか」と思う人もいるだろうが、そうではない。

頭を休めるというのは、「ちょっとペースダウンしよう」ということだ。

たとえば、漏斗《ろうと》に砂利《じゃり》などを入れると、適量であればそのまま流れ落ちていくが、一度にたくさん入れれば詰まってしまう。

これと同じで、**頭の中に入れておける「考えの量」は決まっている。**たくさん詰め込みすぎれば、頭はパンクしてしまう。そんなときは、考えるのをしばらくストップして、全体を見直すことが大切だ。

ものごとがうまくいっているときは、何も調整する必要はない。

しかし、いったん問題が起きると、「ストレス発生！」というシグナルがともる。

このシグナルに気づいたら、一歩下がって頭をクリアにし、〝思考の暴走〟に歯止めをかけよう。

これは、アクセルからちょっと足を離すようなもので、大した努力はいらない。

誰にでも「心の知性」は備わっている。それを引き出すには、今までのやり方をほんの少しだけ変えればいいのだ。

探しものは意外と足元にある！

私が気に入っている話を紹介しよう。

ニューヨークで大型トラックが、高さ制限を無視して、陸橋の下を通り抜けようとした。トラックは荷台の上の部分が陸橋に引っかかり、動けなくなってしまった。

市当局はパニック状態で、建築家や技術者をかき集め、どうすれば陸橋を壊さずにトラックを撤去できるか、ほとんど丸一日かけて検討したが、答えは出ない。

と、そのとき六歳の男の子が、その場にいた警官のズボンを引っぱった。

「邪魔だから、どいていなさい、坊や。みんなすごく忙しいんだから」

「でもさ、おまわりさん、なんでタイヤの空気、抜かないの？」

探している答えがすぐ足元にあっても、気づかないことがある。いつものやり方を脇において、ちょっとリラックスしてみると、意外にも手の届くところに答えがあっ

たりするものだ。

いつでも適切な答えは自分の身近にあると思えば、とても安心できる。

〝ふと思ったこと〟を大切にする

私は一日に何度も、頭を休めて、「答え」が浮かんでくるのを待つ。

締め切りに追われているときでも、それは変わらない。

執筆中の本のタイトルや記事の見出しを考えるとき、人の名前や電話番号を思い出そうとするとき、子供のためのプランを立てるとき、休みの日に家族でどこへ行くか決めるときなどは、**〝ふとしたひらめき〟にしたがう**ことにしている。

それで失敗したことはない。

「知識と感情と、あなたにとって大切なのはどちらですか」

こう尋ねると、ほとんどの人は「感情が大切」と答える。

ところが、実際にこれまでのことを思い起こしてみると、「知識」に重点がおかれている。

生きていく上で知識も必要だが、もっと重大な〝心の問題〟は忘れられがちだ。

もっと「心の知性」を信頼し、**「ふと思ったこと」**にきちんと耳を傾ければ、人間関係にまつわる問題は少なくなる。

家族の絆は強くなり、パートナーとの関係は愛に満ちたものになり、人にももっとやさしくできるようになる。

〝本当の賢さ〟とは、こんなこと

アインシュタインは、

「この世の問題を解決できるといっても、その問題を生み出したのと同じレベル以上のことは解決できない」

と言った。

彼が言いたかったのは、ものごとを変えるためには、視点を一八〇度変えよということだろう。問題をより大きな視点でとらえ直さねばならない。

アメリカの心理学の父といわれるウィリアム・ジェームズは、

「本当の賢さとは、ものごとを違った視点から見られることだ」

と言っている。

論理的に考えれば筋が通っていなくても、あなたには「正しい」とわかっていることがある。

いい会社で働いているのに転職する。まわりの人は若すぎる（または、年齢が高すぎる）と言うが、子供を産む。思いがけない趣味に手を染める。

そういうときの決心である。

「心の知性」をうまく活用しているかどうかは、決定をしたときにどういう気持ちになったかを、正直に考えてみるだけでわかる。

ためらいがあったか。そぐわない気がしたか。

それとも、これこそ正しい答えだと、はっきりと信じられたか。もしそうなら、それは心の知性が「これが正しい答えだ」とあなたに語りかけていたからだ。

自分の〝心の声〟をもっと信じる

「心の知性」を活用するために、特別な訓練はいらない。

いったんその声を聞けるようになれば、やっかいな問題にぶつかっても、手際よく解決できるし、ストレスも少ない。的確な判断が下せるだけでなく、破滅的パターンに陥りそうになったときには、いち早くそれに気づき、方向転換もできる。

自分のひらめきを信じることとは、**「自分にとっての〝最善の決断〟を下せるのは、自分しかいない」**と宣言するのと同じである。

心の知性は、「人生の旅路」を行くあなたを導く、頼もしいパートナーなのだ。

Shortcut Through Therapy

Lesson 7

一歩ひいて、自分を眺めてみる

「へえ、そうだったんだ!」と新鮮な気づきがいっぱい!

知識は力である。

フランシス・ベーコン

あなたは「自分は今、マイナス思考になっているなあ」と気づいたことがあるだろうか。

気づいたときはチャンス。**自分を観察することは「幸せへの近道」**なのだ。

そこで、この章では、自分を観察する方法について見ていこう。

〝第三者の目〟を自分の中に持っているか

こんな例がある。

リックはバスに乗って家に帰る途中だ。今日一日、ろくなことがなかった。イヤなことが次々と頭に浮かんできて、気持ちが暗くなる。

ところが、リックはふと我に返る。

「そういえば、何を考えるかよりも、〝考えすぎてしまうこと〟のほうが、今の感情に大きな影響を与えるんだった……」

そう気づくと、何回か深呼吸をしてみた。

すると、緊張がほぐれてくる。

リラックスした気分になってみれば、追いつめられることもなく、冷静に今の自分を眺めることができる。

第三者の目で一日を振り返ってみると、さっきまで次々と墓穴を掘るようなことばかり考えていた自分の姿が見えてくる。

「こんな仕事、大嫌いだ」

「誰にも評価されない」

「成果が出ない」

「辞めてやる」

でも、がんばって、マイナス思考をエイッと頭から追い出すと、気分がだんだん明るくなる。

しばらくすると、考え方を変えれば、どん底な気分から抜け出せるとわかってホッとできた。


「もうちょっとで、自分の人生は最悪だと思い込むところだった」

リックは、**冷静になって「自己観察」**できたことで、ウツウツとした心から脱出することができたのだ。

「シリアス・モード」はこうやって自分で解除！

「思い」に飲み込まれることなく、客観的に自分を見守っていけるなら、ちょっとしんどいことも〝いい経験〟として次に生かすことができる。

こんな簡単なことなのに、「仕組み」を知らないばかりに、自分のマイナス思考の餌食《えじき》になっている人がなんと多いことか！

なんとなくイヤな気分なのは、仕事がうまくいっていないせいだと信じ込み、周囲の環境を変えることで、自分の気分を変えようとする人は多い。

もし、リックが「今日は厄日だったなあ」とか、「仕事を辞めたい」とか、そんなことばかり考えて、仕事や人生に対する嫌悪感を口に出すだけだったら、いまだにマイナス気分から足を洗えずにいたかもしれない。

しかし、リックは「自分がいかに不幸せか」を前提にしてものを考えるのではなく、不幸せなことを考えている自分を観察できた。

そのおかげで、マイナス感情を生み出している自分自身に気づき、頭の中を整理できたのだ。

自分の考え方や思いをコントロールするのは、他でもない自分。

自分を観察することがなぜ大切かをもっとよく理解するために、次にデビッドのケースを見てみよう。

「なぜイヤなのか」と考えるから、ますますイヤになる

デビッドもリックと同じような一日を過ごした。帰りのバスの中でも、リックと同じようなことを考えている。

「こんな仕事、大嫌いだ」
「誰にも評価されない」
「成果が出ない」
「辞めてやる」

だが、デビッドには「自分を観察する」という習慣がない。

気分が落ち込んだら、その感情ときちんと向き合って、克服しなければならないとセラピストに言われていたので、そのとおりにした。

けれど、バスに乗っている間にますますイライラしてきて、「最悪の気分だ」と思った。気持ちを整理しようと、何がそんなにイヤなのか、考え続けた。すると、ドーンと憂鬱になり、本当に「今の仕事なんて辞めてやる！」と思った。

デビッドは、「仕事がストレスの原因だ」と思い込んでいて、少しも疑っていない。しかも、憂鬱な気分から抜け出すには、「その気分と、まずは正面から闘わなければならない」と思っている。

デビッドは、なかなか自分の抱えている悩みを忘れられなかったが、それはリックより頭が悪いからでも、人生がうまくいっていないからでもない。

ただ、**自己観察力が身についていないので、「仕事こそが諸悪の根源」だと思ってしまっている**だけだ。

つまり、前にもこんな例を出したように、頭をガンガン壁に打ちつけている自分に対して、「そんなバカなことをしていたのは自分だった」と気づくか、「頭が痛いのは壁が固いからだ」と思うかの違いだ。

マイナスの感情を生み出す「考え」にいち早く気づくことほど、未来をつくるのに役立つことはない。

自己観察は、未来を切り拓く第一歩なのである。

内省する時間を一日十分待つ

メアリーは、友だちのことを〝自分のこと〟のように心配する人だった。一度、心配し始めると、他のことが何も考えられないほどだった。

たとえば、友だちのジャニスから「夫とギクシャクしている」と愚痴の電話がかかってくれば、メアリーは二人のことが心配で頭から離れなくなり、夜も眠れなくなる。

私のところに相談にきたとき、メアリーは、二十ぐらいの〝他人の悩みごと〟を抱え込んでいた。

メアリーにとって、自己観察はとても有効だった。

まず、**内省する時間を一日十分でも持つ**ことで、マイナスの考えが暴走することがなくなった。そして、気持ちが安定し、冷静に考えをまとめることができるようになった。

彼女は、頭の中でどんな考えが生まれてくるのかを観察し、どんなときストレスを感じるか、そのストレスが何を教えようとしているのかに、注目してみた。

すると、すぐに彼女は気づいた。

ストレスを感じるのは、**「問題に深入り」しすぎている**ときだということに。

これは、彼女にとって大きな気づきだった。そして、他人の問題に深入りしすぎている自分を、

「あら、私ったら、またレナの家の雨漏りのことで頭がいっぱいになっているわ」

と茶化せるまでになったのだ。

メアリーは、友だちの悩みを何でもかんでも抱え込むのをやめた。自分が友だちの問題に巻き込まれていく様子を観察しながら、彼女は「自分で自分の心をかき乱すなんて、馬鹿みたい」と思えるようになった。

内容は違いこそすれ、誰でも他人のことが気になって仕方なくなってしまうことはある。

ストレスを感じたら、
「そろそろ、自分をきちんと観察しなさいというサインだな」

と思えれば、あなたの生活の質はたちまち向上するだろう。

「映画のスクリーン」を見るように、他人の視点で自分を見る

自己観察するときのコツは、**「映画のスクリーンを見ている」ようなスタンスで行う**ことだ。

「ふーん、ずいぶん小さなことでクヨクヨしちゃってるんだ……」

「なんで、いつまでもカッカしているんだろう。気分転換すればいいのに……」

「うわっ！　一人で悲劇のヒロインぶってる！」

といった具合である。

「自分」と「自分の思い」との間に、少しばかり距離をおく。この距離感が、自分を客観的に観察するために必要になる。

たとえ不愉快な思いであったとしても、〝他人の視点〟から眺めてみるのは面白い。

距離感さえしっかり保っておけば、マイナスの考えに振り回される心配はない。

自分の心が〝ドツボにはまる〟前に気づいてあげる

自己観察をするときのもう一つ大事なポイントは、グルグルと同じことを考え込んでしまっている自分にできるだけ早く気づくことだ。

完全にドツボにはまってしまう前に、「おっと、いけない」と気がつくことが大切なのだ。

何度も言うが、ストレスはあなたが頭の中の「思い」の虜《とりこ》になりかかっていることを教えるシグナルだ。

あれこれむずかしく考えすぎる自分を手放し、力を抜くと、ストレスがフワッと和らぐのがわかるだろう。

練習すれば、「思い」が一人歩きを始めて、ストレスで心がまいってしまう前に、そうなりかかっていると気づけるようになる。最終的には、まさに「考えにとらわれそうになった瞬間」がわかるようになる。

〝後ろ向きの気分〟をガラッと変える、手っとり早い方法

これまであなたは、長い時間をかけて、「なぜ、マイナスの感情が起きるのか」をいちいち検証していなかっただろうか？

たとえば、嫉妬心に苦しんでいるなら、なぜ嫉妬を感じるのか、その原因について考える。怒りにとらわれているなら、何に腹を立てているのか、考える。イライラするなら、どうしてそうなるのか考える。

後ろ向きの気分になってきたら、それが意味するところはただ一つ。

「あなた自身の思いに心が占領されているので、そろそろ一歩下がって全体を眺めるべき時が来ている」

ということだ。

マイナス思考になっているなと思ったら、ちょっと気を楽に持とう。

もちろん、悲しくないふり、怒っていないふりをするために、自分を観察するわけではない。自己観察は、いつも穏やかですっきりした気分でいるためのツールであり、能力を一二〇%発揮するための手段でもある。

感情に押し流されることなく、満ち足りた気分を感じられる生き方がしたいなら、**ちょっと立ち止まって内省する時間**を持ってほしい。

きっと、これまでの不平や不満をあっさりと水に流せる「気づき」が得られるはずだ。

Shortcut Through Therapy

Lesson 8

「今、ここ」を生きる

人生はいつでも「本番」。リハーサル気分は捨てよう!

人生とは、今、この場所で生きること。
どこか他の場所で生きることでも、
過去を生きることでもない。

ヴィマラ・サーカー

人生は、いつでも「今」が本番だ。

なのに、いつまで経っても〝リハーサルのつもり〟の人が多すぎる。

幸せに生きることを〝後回し〟にする人は多い。

残念ながら、そういう人は未来を心配し、過去を後悔しながら生きていくことになる。

〝クヨクヨ〟と〝不安〟が心にのさばったら

ベティは数年前からセラピストのカウンセリングを受けていたが、なかなかよい結果が得られず、私のところへ相談にやってきた。

彼女は、男性とのつき合いが長続きしないことをずっと悩んでいた。

初めて会ったとき、ベティは、

「男性とのつき合いがうまくいかない理由なら、はっきりわかっています」

と言うので、どんなことなのか説明してもらった。

「私が男の人とうまくいかないのは、父親との関係に原因があるのです。つき合い始めると、どうしても父を思い出してしまうんです」

「いつ頃、そのことに気がつきましたか」

「三年前からです」

三年も前にうまくいかない原因がわかっていたのなら、そろそろ男性と〝いいおつき合い〟ができても、いい頃ではないだろうか。

ベティに必要なのは、**「今を生きる」**ことだ。

彼女の心は「今」に集中できずに、父親とうまくいかなかった**「過去」**を思い出してばかりいる。また、つき合い始めた男性と破局するのではないかと**「未来」**を心配するのに忙しい。

以前のセラピーを通じて、過去の重要なポイントは明らかになったが、三年間、父親との関係を細かく検証しただけで、対処法は、わからないままだった。

私は、彼女が、男性がいるところでは皮肉っぽくなることに気がついたので、それを利用することにした。相手を皮肉りたくなったら、その人と父親とを比べるのではなく、自分が**「過去」と「未来」の間で身動きが取れなくなるサイン**だと思うようにとアドバイスした。

そして、過去のことをあれこれ思い悩んでいる自分に気がついたら、すぐに「今」に意識を戻すようにと言った。

人生とは、「今、この場所」で生きることだと思い出させるために。

もちろん、楽しかった過去を思い出したり、希望に満ちた未来を思い描いたりするのは悪いことではない。でも、実際には、過ぎたことをクヨクヨ悩むか、まだ起きてもいないことを心配するかであることがほとんどだ。

「大好きなことに熱中している」感覚で生きる！

私が思うに、**自分を向上させるためには、「今、この瞬間」を生きる術《すべ》を学ぶべきだ。**今を生きることによって、目標に近づき、クリアすることができるし、もっと幸せに、もっと効率的になれる。

人間関係もドラスティックに改善できる。

そして「今」に注目すると、**集中力が高まり、気配りができる**ようになり、あなた自身の満足度も高まるはずだ。

たとえば、あなたが**「大好きなこと」をしているとき**——本を読んだり、絵を描いたり、庭の手入れをしたりしているとき——**気持ちはスーッと落ち着いて「今」に集中している**はずだ。この感覚を、どんなときにも持てるようになることだ。

「今、このとき」を生きるといっても、過去と未来を無視しろということではない。
重要な問題に無関心になれとか、頼まれごとも放っておけばいいとはいわない。
むしろ、その逆である。

今を生きている人は、**「冷静」で、しかも情熱的**である。
自分や他の人の問題にすぐ気づき、それに立ち向かおうとする。
しかも、「幸せになる」という最大のゴールを見失うことはない。

〝将来の不安〟が頭をよぎったときは――

誰にでも〝将来の不安〟が頭をよぎることはある。
シャーリーには、キャンディスという、引きこもりになってしまった十四歳の娘がいた。娘の幸せに心を砕いていたが、シャーリー自身が精神的に不安定になり、心理療法を受けた。

そこでは、彼女の抱えている「問題」、つまり、キャンディスの将来のこと、シャーリーの感じている不安について毎週のように話をした。

一年後、治療を受ける前よりもストレスを感じるようになったと言って、彼女は私のところに相談にやってきた。

キャンディスが一生、このままでいるのではないかとシャーリーは不安で半狂乱になっていた。彼女の心の中では「問題」が巨大化し、他のことが考えられなくなっていた。将来の不安が、化け物のように大きくなっていたのだ。

たしかに、心配ごとを相談できる相手がいることは大切だが、同じ相談を一年間も続けるのはどうかと思う。

彼女に必要なのは、**もっと「今」に集中する**ことだった。

娘の将来のことを考え始めると、彼女は不安に心を占領されてしまう。

しかし、「今」に気持ちが向いたとたんに、娘への愛情がわき上がり、ものごとを冷静に判断でき、賢明な対策がとれるようになることに気づいた。

将来の不安がよぎることは、誰にでもあるが、そんなときこそ、「今」に気持ちを戻せば、強く、しなやかな心を取り戻せるのだ。

「今」を生きれば、心はもっと強くなる

逆境にあっても前向きでいられる人は、「問題を見て見ぬふりをしているだけだ」と勘違いしている人が多いが、そうではない。

あなたが実際に感じているストレスは、自分でコントロールできる部分が大きい。

そして、「今」を生きる術が身につくと、それまでより、はるかにうまくストレスを処理できるようになる。

たとえば、あなたが失業したとしよう。同じ時期に、親友はディナーに招待してい

た客に、約束をすっぽかされた。

一見すると、失業中のあなたのほうが、よほど深刻な状態のように見える。

ところが、親友は約束をすっぽかされたことが頭から離れなくなってしまった。失礼な客のことが絶えず頭に浮かび、**「それは終わったこと」**と頭を切り替えられず、知らずしらずのうちにそのことばかり考えてしまって、不機嫌になった。

親友の頭がおかしくなるのも時間の問題だ。

それに対して、あなたは、「今、このとき」に集中する術を心得ている。「考えること」が「感情」に影響することも知っている。悪いことばかり考えていると、気持ちが落ち込んでくることも知っている。

目の前の状況を正確につかみ、ネガティブ思考を頭から追い出せば、すばらしい気づきが生まれ、**「今、何をやるべきか」**がわかる。

私なら、親友よりもあなたのように生きていきたいと思う。**あなたは、苦境に立**

たされたときでも、幸せに生きる方法を知っている。

「試練のとき」も自分を見失わずにいられるなら、順調なときには、きっとすばらしい人生が待っている。

今、この瞬間を生きることができない人は、表面上はどうあれ、人生は障害だらけだ。たとえ、どんなに恵まれた環境にいたとしても、次々浮かんでくるマイナス思考に頭を占拠され、人生はつらいと感じるだけだ。

「なんで連絡をくれなかったの！」と責める心理

今を生きるために、特別なテクニックや知識は必要ない。ただ、そうすることが自分にとって最善の生き方だということを意識するだけでいい。

最近、母と一緒にジョギングをする約束をしていたので、待ち合わせの場所に向かっていた。あと五分で到着というところで、ふと思った。

「この前、一緒に走ってから、ずいぶん時間が経ってしまった。時間の過ぎるのは速い。車で三十分の距離に住んでいるのに、一緒に走るのは年に二回だ。僕は何をやっているんだろう。これからもずっと、こんなことでいいのか。もっと頻繁《ひんぱん》に会うようにしないといけないな」

考え出したら止まらなくなった。一緒にジョギングするのを楽しむどころか、私は後悔の念にさいなまれていた。幸い、母に会う直前に、自分のしていることに気がつき、母とそのことで大笑いした。

私の友人も同じような経験をした。その友人が、別の州に住んでいる母親に電話をかけた。彼女には二人の幼い子供と、大事な仕事があったが、両親とはいつも連絡を取り合っていた。いつものように電話をすると、こう言われた。

「久しぶりじゃない？　うちは連絡リストから外されたのかと思ったわ」

もちろん冗談なのだが、電話口の母親は怒っていたようだし、娘から裏切られた気がしていたのも事実だった。

なぜ、そんなことになってしまったのか。

母親は怒りたくて怒っていたのか。

もちろんそうではない。母親は、それまでの数週間、**娘から電話がかかってこなかったことで頭がいっぱいになってしまっていた**のだ。

〝ありふれた一日〟を「特別な一日」に変えるコツ

今を大切にしながら生きるとは、ごくありふれた日常に〝新鮮な意味〟を見出すことでもある。

散歩をしたり、夕日を眺めたり、庭いじりをしたり、本を読んだり、何をするにしても、「今」に気持ちを集中するだけで、きっとこれまでとは違う感覚があるはずだ。

人生は「今、ここ」にある。

今に目を向けることは、人生について「ああでもない、こうでもない」と考えるだけでなく、積極的に人生を生きることでもある。すると、ありふれた人生が、目をみはるような人生に変わる。

面白い話がある。ハワイに住んでいる友人夫婦が浜辺で、きれいな夕日を眺めていた。信じられないような雄大な風景だった。

「こんなにきれいな夕日、見たことないわ」

と奥さん。すると、通りがかりの女性がそれを聞いて言った。

「タヒチの夕日に比べたら、どうってことないわよ」

今、この瞬間に気持ちを寄せていなければ、どんなにすばらしい経験も楽しめない。しかし、この瞬間、この場所に視線を戻せば、人生は再び新鮮さを取り戻し、喜びと満足感がわいてくる。

一秒一秒を存分に生きていれば、未来が「目の前」にやってきたときには、準備万端、整っている。

幸せに生きるために、私がお勧めする方法は「単純すぎる」と批判されることもある。

そして、「単純な解決策のほうが、効果が大きい場合もある」ということを、なかなか信じてくれない人もいる。

しかし、**今を生きることが、幸せで、実りある人生をもたらすという私の信念は変わらない。**

大切な人からの電話や、愛する人と共に過ごす時間を、「今を生きる」というスキルがないために、信じられないほどつまらないことで台無しにしてしまう人は多い。「今を生きる」術を身につけることは、何よりも重要なことなのだ。

未来に向けて十分な準備をしておかないと、いざというときに力を発揮できないのではないかと心配する必要はない。

人生は、「今」の積み重ねだ。

次から次へとやってくる**「今」を存分に生きることが、未来への何にも勝る準備**になる。

Lesson 9

結局、幸せは考え方しだい

運がみるみるよくなる“感謝の魔法”！

Shortcut
Through
Therapy

感謝することを学べ。
今手にしているもので幸せでないなら、
今以上に幸せにはなれない。

ヴィキ・キング

あなたは今、どんなことを「ありがたい」と感じているだろうか。

「感謝の気持ち」は、〝ハッピーな人生〟をつくるもとであり、ストレス、不幸、フラストレーションに対する最高の〝特効薬〟だ。

心理療法では、「感謝の気持ち」を持つために「人生を変える」ことを目標にする。

しかし、その順番を逆にするだけで、幸せがグーンと近づいてくる。

「奮闘」するより「感謝」するほうが理想の人生に近づく

つまり、今の人生を「ありがたい！」と思えるようになれば、人生がガラリとよい方向に変わっていく。

あれこれ奮闘するよりも、**〝感謝の魔法〟を身につけるほうが、理想の人生がす**

んなり手に入るのだ。

大昔から、賢人たちは、**「今、手の中にあるものに感謝しなさい」**と言い続けてきた。それは、感謝すると気持ちが晴れやかになるからだ。そして、**頭がすっきりして、ひらめきが生まれやすくなる。**ものごとを俯瞰《ふかん》して見られ、賢い判断ができる。

「何でもかんでも、とにかく自分の思いどおりにしたい！」と思う代わりに、今、手にしているものに感謝の気持ちを持つと、不思議なほど心の居心地がよくなり、ものごとがスムーズに運ぶだろう。

どう見ても苦労ばかりなのに、感謝の心を忘れず、人生を謳歌《おうか》している人がいる一方で、何の不足もない境遇《きょうぐう》にあるのに、感謝の気持ちがなく、人生を楽しめない人がいる。

一から十まで完璧な人生などあり得ないのに、ちょっとでも気に入らないことがあると、そのことが頭から離れなくなったり、「もし～なら、もうちょっとマシな人生になるのに」と思ったりしたことはないだろうか。

今の人生だって、十分にすばらしい。まずはそこに目を向け、〝感謝〟することだ。

感謝を忘れれば、今ある幸せも音をたてて逃げていく

私たちの「考えること」や「思い」には、とてつもなく大きなパワーがある。

何かを考えると、次々といろいろなことが起きる。

たとえば、

「私の人生はつまらない。もし〜なら、もっといいのに」

と考えると、一瞬にして打ちのめされた気分になる。こうした連鎖反応はいつでも起きる。

あなたの人生がパッとしないのは、人生に対して否定的だからだ。

人生のあら探しばかりしていると、自分の人生が本当に〝あらだらけ〟に思えてきてしまう。

はたから見れば、あなたはお金の苦労がなく、理想のパートナーと安定した生活を

手に入れ、あらゆる夢を実現しているように見えるかもしれない。

それでも、そんな〝夢のような生活〟に感謝の気持ちを持たず、「悲観的なものの見方」を野放しにしていれば、幸せは音をたてて逃げていってしまうだろう。

最近、ちょっと怒りっぽくなっているあなたへ

満ち足りた人生を送っている人は、「今あるもの」によろこびを見出せる。

感謝の気持ちを持つ（または、取り戻す）ために、あなた自身の考えることが感情に影響を与えていることを思い出そう。

ネガティブな考えで頭がいっぱいになると、感謝の気持ちとは正反対の暗い気分になる。怒りっぽい人、嫉妬深い人、疑り深い人に、感謝の心は生まれない。

人生の「マイナス面」についても考えるべきだという人は多い。

そういう人は、マイナスの感情こそ正直で、合理的なものだと信じているが、そん

なことはない。

ここで問題になるのは、感情はそれだけでは存在しないという点だ。

感情は、あなたの〝考え〟によって、刻一刻とつくり出されている。

あなたの脳内や体内に、マイナスの感情がため込まれているわけでも、悲観的な性格が遺伝するわけでもない。

悲観的になると消極的になり、感謝の念も抑え込まれてしまう。そして否定的な信条がパワーアップして、さらにマイナス方向に考えや感情がふくれあがっていくのだ。

感謝する人には〝いい追い風〟が必ず吹いてくる

私のところにカウンセリングを受けにきた二人の女性、ジョーンとアンを例にあげよう。

ジョーンはいつも、「人生とはつらいもの」と思っていた。彼女の人生はイヤなことばかりだったので、感謝の気持ちなんて、とてもわいてこなかった。

ジョーンは才能豊かで、仕事もあり、見た目も美しく、若く、彼女を愛し、尊敬してくれる男性と結婚したばかりだった。でも、幸せを実感できずにいた。

一方、アンは、落ち込むのも当然といえる状況でも、マイナス思考を頭から追い出すようにしていた。

以前のアンは被害者意識が強かった。手のかかる子供が三人もいて、仕事に結びつくような資格も持っていなかった。苦労の多い人生だったし、私のところに来る前は、こんなふうに言っていた。

「デイブ（前夫）なんか大嫌い。この状態から抜け出すのは不可能。こんな人生、もうイヤ。年を感じるわ」

しかし、彼女は私のカウンセリングを受けるうちに考え方を改めることにした。**マイナス面に目を向けるたびに、人生やパートナー、そして子供たちへの「感謝の気持ち」が消えてしまう**ことに気がついたからだ。

この二人の女性を比べると、**「結局、幸せは考え方しだい」**ということがわかる。

見た目には理想的な人生を送っているジョーンは、「人生はつらいもの」という考えがこびりついているため、幸せを感じられないでいる。

ところがアンは、ネガティブ思考を頭から追い出す方法を身につけることで、感謝の心を取り戻すことができた。

アンは、**「今あるものに感謝すれば、感謝するべきことがもっと増えていく」**ことを体感できているのだ。

〝ほしいもの〟を手に入れても満たされないのはなぜ？

私たちは、何かほしいものがあると、そのことばかり考え、それを手に入れるためにかなりの時間と労力を費やす。ほしいものが手に入れば、満足できて、きっと幸せになれると思っているからだ。

ところが、たいていの人は、ほしいものが手に入っても、そう簡単には満足しない。大人になって、卒業証書をもらい、ボーナスをもらい、出世もし、子供も立派に育て上げた。行方不明になっていたペットも見つかった。

なのに、いまだに幸せにはほど遠い。いったいどうしてだろう？

幸せは、現状と理想とのギャップが埋まったときにやってくる。

しかし、「もっと、もっと」と思うだけでは、絶対幸せにはなれない。気持ちがふらつけば、感謝の念もわいてこない。

幸せな気分になるためには、必要な「アレ」に注目するのではなく、今、あなたが持っているものに目を向けることだ。それだけで、気分が高揚する。けれども、たいていはみんな反対のことをしている。

今あるものを大切にしようと思いながら、「アレがあれば、アレができれば、今度こそ人生は変わる」と思っている。

「次に手に入れたいもの」のことばかり考えていると、今持っているものがどんなにすばらしくても、満足できない。

たとえば、十億円の宝くじが当たれば、「税金が高くなるなあ」と不平を言う。

もちろん、新たなゴールに向かって努力するのはよいことだが、今あるものに感謝する気持ちがなければ、ゴールを達成できたとしても、決して幸せにはなれない。

皮肉な話だが、**今あるものに目を向けているほうが、結局は、ほしいと思っていたものも手に入れられることが多い。**

世の中とはそういうものだ。

感謝の気持ちは〝プラスのエネルギー〟となって、願いをかなえる方向にあなたを導いてくれる。**前向きな考え方は満足感につながり、行動を起こす力となり、人生のプラスの面に目が向くようにしてくれる。**

後ろ向きな考え方をしていると、自分にはあれもない、これもないという**「ない**

ない尽くし」になってしまって、満足感など得られるはずがない。

しかも、自分の失敗や欠点しか見えなくなって、結局、ほしいものは何一つ手に入らないままだろう。

感謝の気持ちを持つには、それを邪魔する考えを頭から追い出すしかない。

"燃え尽き症候群"になりやすい人の共通点

スティーブは仕事で燃え尽きそうになり、私のところへ相談に来た。

「今、手にしているものにもっと感謝したらどうですか」という私の言葉を、彼は「感謝などどするわけにはいかない」と否定するので、その理由を尋ねた。

「今の自分の状況に満足していないのに、感謝なんてできません。もっと向上したいし、成果を出したいんです。先生は、僕に全部を放り出して、幸せな気分になれと言うんですか」

「どうして成果を出したいの？」

「成果を出すと、いい気分になれるからです」

「でも、成果なんか出さなくても、今すぐにでも幸せになれれば、それでいいでしょ」

「たしかに。でも、それだと僕は成果を出せない」

スティーブは、**「満足感」と「成果を上げること」は一体である**と思い込んでいた。

彼は、**感謝することは、「成果をめざして努力するのをあきらめること」**だと感じていた。

彼に必要なことは、自分の心の知性に耳を傾けることだった。

そこで、「〜すれば幸せ」とか、「明日は今日よりよくなるだろう」とか、「休んでなどいられない」という考え方をやめる練習をしてもらった。

つねに追い立てられているような気分になる考えを頭から追い出すと、不思議なほどリラックスできることがわかった。

スティーブにとって、それは新鮮な驚きだった。

しかも、それは、思ったほどむずかしくなかった。

〝感謝体質〟に生まれ変わる二つのステップ

このプロセスは、ごく簡単な二つのステップから成っている。

一つ目は、**感謝の気持ちを持つのは、とても自然なことなのだと理解する**こと。つまり、マイナス思考に邪魔されなければ、誰でも心地よい感謝の気持ちを持てるということだ。

そのことを自分で確かめるには、子供の頃を思い出せばいい。ほんのちょっとしたことにも大喜びしていなかっただろうか。

今朝も、私の五歳になる娘が、二時間もリンゴの種まきに夢中になっていた。二歳になる末娘は、一生懸命に石ころを集めていた！

ちょっとしたことが、どんなに楽しかったか、思い出してみよう。

スティーブも子供の気持ちを思いだすことで、感謝の気持ちを取り戻した。

二つ目のステップは、**感謝の気持ちを妨害する考えを頭から追い出す方法をマスターする**ことだ。

誰でもそうだが、マイナスの考えを頭から追い出すと、最初は頭の中が空っぽになる。なぜなら、それまでマイナスの考えで頭の中が満タンになっていたからだ。けれど、しばらくすると、頭の中に浮かんでくるネガティブ思考を追い出す習慣が自然と身についてくる。

二回目にスティーブと会ったときに、私はまずこう尋ねた。

「今はどんな気分ですか」

「すごく変な感じです。頭の中が空っぽみたいなんですが、別に幸せな気分ではないんです」

「ビーチでボーッとしている気分じゃないの？」

「全然違います。こなした仕事の量は同じですよ。でも、仕事の後もあんまり疲れたような気がしないんです。ストレスも少ないみたいだし」

感謝の気持ちを持つことが自分のためになることを実感したスティーブは、変わり始めた。前よりも明るくなっただけでなく、成果を上げることもできた。

「ストレスがあったほうが、一生懸命に働ける」と誤解している人は多いが、本当は、ストレスがないほうが、いい成績を出せることのほうが多いのだ。

「ストレスにさらされていたほうが、がんばれる」と思ってしまうのは、ストレスがないとどうなるか、よく知らないからだ。

スティーブは、はじめ、「ストレスがあったほうが、がんばれる」と私に言い張ったが、結局、それは間違っていたことがわかった。ストレスを気にせずに働くことがどういうものか、想像したこともなかったのだ。

その彼が言った言葉を、ぜひ伝えたい。

「成功するために精神的なストレスが必要だというのは、百メートル走に勝つためには足を捻挫していないとダメだというようなものだ」

「〜があって、よかった」をログセに！

この章では、**ストレス、不幸、フラストレーションに対抗するには、感謝の気持ちを持つしかない**と述べた。

最後に、あらためて、それを繰り返したい。

人生は、神様からの贈り物だ。

皿洗いをしなければならないと腹を立てるのではなく、お皿があってよかったと感謝することを学ぼう。

真夜中に赤ん坊に起こされるとぼやくのではなく、子供がいてありがたいと思うことを学ぼう。転職したいと思うのではなく、仕事があってよかったと思うことを学ぼう。

人生のすべてをありがたいと思って眺めれば、すべてが輝き出す。

Shortcut Through Therapy

Lesson 10

「完璧」をめざすより、
プロセスを楽しむ

“至福感”こそ自分への最高のプレゼント

間違えるのは人間、許すのは神。

アレキサンダー・ポープ

完璧を求めないこと——これこそ、「幸せへの近道」の十番目の法則だ。

けれど、「幸せになること」「充実感いっぱいの毎日を送ること」よりも、「完璧な人生」をめざしてキリキリしている人は多い。

人間は完璧ではないし、そもそも完璧をめざす必要もない。

誰から見ても「カンペキ！　すばらしい！」と賞賛される、非の打ちどころのない、だけどキュウクツな人生よりも、「あー、面白くて充実した一日だった！」という満足感、「ほんと、幸せだなぁ」という至福感《しふくかん》でいっぱいの毎日を送る人生のほうが、百倍も千倍も価値がある。

人生を楽しみ、楽しいチャレンジでいっぱいの毎日をつくるのに「決まったやり方」なんて、ありはしない。

気持ちが動かされたことを素直に選ぶ、目の前のことをめいっぱい楽しむ――そんな毎日の積み重ねが、あなたの人生を面白く発展させていくのだ。

最後の章で私が伝えたいことは、ただ一つ。

人生を不満タラタラで生きるか、それともうれしい充実感でいっぱいの毎日を満喫できるかは、あなたしだいだ。

あなたの人生が理想どおりでなくても、十分に幸せ感を味わい、人生をもっと楽しむことができるのだ。

〝幸せの力学〟が証明する「思考」と「感情」の関係

ベスとアリエルは、心理療法を受けて家に帰るところだ。二人とも子供の頃、「自分よりお姉さんのほうがかわいがられていた」と思っていた。

二人とも三十五歳で、結婚していて、子供は二人。生活は楽ではない。どちらも平凡で、理想的とはいえない人生を送っている。

ベスは、環境が人をつくると信じている。そして、幸せになるには、すべてが完璧にならなければならないと思っている。

「不公平よね。私が自信を持てないのは、小さい頃にほとんど誉《ほ》められたことがないから。これは根の深い問題よ」

気分はすっかり落ち込み、悲観的になる。あとは坂道を転がり落ちるように、ますます憂鬱になり、怒りがこみ上げてくる。

一方、アリエルは、環境が人をつくるのではなく、環境によって人の本質があらわになるのだと思っている。**「出来事は起こる」ものだが、それをどう解釈するかは自分しだい**だと。

彼女は、「思考」と「感情」の関係をよく知っている。何かを考えると、ちょうど地平線から朝の光が差し込むように、感情がその影響を受けると知っているのだ。

アリエルも、ベスと同じように、「お姉さんのほうが私よりかわいがられていたわ。不公平よね」と考え、不愉快になることもある。

しかし、そこで突然アリエルは、「思考」と「感情」の関係を思い出す。

「あらら、またやっちゃった。どうしていつも脱線しちゃうんだろう。今のことだけ考えていればいいのよね。いったい、何度同じことをやれば気がすむのかしら」

アリエルは〝**幸せの力学**〟がだんだんわかってきた。ネガティブな考えにつかまりそうになった自分に気がつけば、もう恐いものはない。

「自分の人生ドラマ」の脚本は自分で書く！

もちろん、アリエルがベスよりも優秀だというつもりはない。ただ、アリエルはシンプルだが役に立つ、いくつかのツールを手に入れている。

たとえば、次のようなことだ。

＊「自分が船の船長だ」という意識がある。
＊「自分の人生ドラマ」の脚本は自分で書いている。
＊「考え方」と「感情」の切っても切れない関係を知っている。
＊マイナスの感情がわいてきたら、すぐわかる。
ときには、わいてくる前にわかることもある。

ベスのように、マイナスの感情を一つひとつ分類して、ラベルをつけるのではなく、アリエルは**「自分らしく輝いているか」を判断するものさしとして、〝感情〟を利用**している。

そして、「自分のよさがイマイチ発揮できていないな」と感じるときは、「今、この瞬間」に気持ちを集中させるように、ちょっとした軌道修正をする。

そして一番大切なのは、**完璧な人生でなくても幸せになれる**のを知っていることだ。

完璧な人生をめざしてキュウキュウにがんばったり、イライラしたりするよりも、**幸せを最優先する**こと。

「最高の結果」をめざして努力するのはすばらしいが、完璧でなければ幸せになれないという考え方につかまらないことだ。

私は、**至福感と充実感でいっぱいの人生をつくる〝心の持ちよう〟**を、あなたにもぜひ思い出してほしい。

たとえ完璧な人生でなくても、明るく、前向きな気持ちでいることこそ大切であり、

「小さなことを気にしない、こだわらない、考えすぎない」ことから、すべては始まる。

こんな二つの「分かれ道」——あなたはどっちを選ぶ？

気分がいい、安心だ、やる気満々、めいっぱい楽しんでいる——。

こんな気持ちがわいてきて、「生きていてよかった！」と心の底から思えるとき、あなたは「幸せの道」を歩んでいる。心にも体にもエネルギーが満ち、前向きでいられる。

しかし、不安だ、腹が立つ、むかつく、恐い、暗い、憂鬱だ——。

こんな気分で何もしたくないときは、**「幸せの道から外れているよ」**というサイン。

「自分をダメにするような考えにとらわれているんじゃない？」と、心が警告を発しているのだ。

気持ちがドンヨリして、ついよくないことばかり考えてしまうとき、あなたは分かれ道に立たされている。

一方の道は、〝ドンヨリ〟の原因を事細かに調べるほうへと続いている。こちらの道は、「気分が悪いのは、悪いこと」という前提に立っている。

そして、多くの人はこちらの道を選んで、ますますすっきりしない気分で生きることになる。

もう一つの道は、**「気分が悪いときも、たまにはあるよね。でも、放っておけば、そのうち元に戻るから、まったく問題ナシ！」**という道だ。

こちらの道は**「生きていればいろいろある！　完璧じゃないから、人生は面白い」**という前提に立っている。

あわてず、さわがず、人生の流れをあるがままに受け入れる。

すると、心が自由になり、全開の〝心の扉〟からいいエネルギーがたくさん補給できるだろう。

めいっぱい「目の前のこと」をがんばるのが楽しい！

「幸せに続く道」があるわけではない。

目の前の小さなことを、めいっぱい楽しんで、至福感でいっぱいの毎日を生きることが幸せなのだ。

たとえば、何か大きな目標に向かってチャレンジしているとする。

もちろん、目標や夢がかなうことも大きなよろこびだけれど、**自分なりのゴールをめざして、全力で取り組むプロセスで味わう〝充実感〟こそが、本当のゴール**なのだ。

この本の中で、私はずっと**「幸せの力学」**と「不幸せの力学」について書いてきたつもりだ。この力学は、たとえ環境が違っても同じようにはたらく。

金欠病のときも、結婚生活が暗礁《あんしょう》に乗り上げたときも、リストラの危機にあっても、不安症になっても、健康を害しても、悲劇に見舞われても、そこから立ち直れるかどうかは、「自分」とその「出来事」とを、どうとらえるかによって決まる。

とはいうものの、「幸せの力学」を知ったからといって、どんな苦労もラクラク乗り越えられるほど、人生は甘くない。もちろん、つらい時期をへらへらしながらやりすごせばいいというわけでもない。

私が言いたいのは、まわりの状況には関係なく、**あなたは自分の心一つで幸せを手にできる**ということだ。

頭の中で〝マイナスの考え〟をモンスター化させないコツを今、ここで身につけてほしい。

それから、**いつも〝心の状態〟を自分で観察できるようになってほしい。**

そして、暗くなったり気落ちしたりすることをわざわざ考えないこと。体調のよくないときは、特に要注意だ。

さらに、自分の中からわいてくるひらめきや〝心の知性〟を信用しよう。〝下手な考え〟よりも、はるかに役に立つ。

人の間違いをあげつらうより、**「ま、いいか」**と鷹揚《おうよう》にかまえることだ。「自分の正しさ」にこだわればこだわるほど、人は離れていく。**自己主張はほどほどにして、ときには勝ちをゆずるのも悪くない。**

「幸せ」と「夢の実現」はまったく別物!?

そして、とても大切なことを一つ。

「幸せ」と「夢の実現」とは、まったく別の次元にある、ということだ。

今、心に抱いている夢、願望、目標を、あなたは心の底から実現させたいと思っているかもしれない。けれど、あなたが幸せになれるかどうかは、それとはまったく関係ない。

たとえば私の夢は、家族と一緒に一年間、ハワイで暮らすというものだ。ビーチの近くに住み、本を書いたり、子供たちと楽しく過ごしたりすることを夢見ている。しかし仕事や休暇の日程、妻の好み、子供の学校や友だちなどの都合で、実現するのはむずかしそうだ。

もちろん、まだあきらめたわけではない。やろうと思えばやれるはずだ。実現すれば、家族のみんなにとって忘れがたい経験になるだろう。夢には終わりがない。

しかし、**私が幸せかどうかは、この夢が実現するかどうかとは、まったく無関係だ。**実際のところ、この夢は実現しないだろう。だが、それ以上に重要なことは、**実現しようがしまいが、どうでもいい**ということだ。

「ハワイに住みたい」という私の夢が、不幸のもとになることもある。ハワイに住みたいのに住めないという思いがふくらんでくると、ハワイに住むことがひどく大切なことに思えてくる。

すると、気分は急降下し、自分がみじめに思えてくる。そして、自分が分かれ道に来ていると気づく。

私は、自分の考えていることを本当のことだと思うのか、それとも、ちょっと気分が落ち込んでいるだけと思うのか――どちらかの選択を迫られる。

そういうとき、たいていは、

「ちょっと、心が疲れているな」

とすぐに気づいて、自分で自分を苦しめずにすんでいる。

気持ちが高揚しているときなら、ちょっとしたファンタジーのように思えることが、そうでないときは〝重大な問題〟に映るのだ。

人生を〝すばらしい冒険〟に変えるために

この本を読んだ人ならわかると思うが、**あなたが人生に求めるものは何かと言えば、「幸せ」**だ。

幸せと不幸せの力学を理解したなら、あなたの心の状態が幸せとはほど遠いことに気づいたときに、もう一度幸せに向かって歩んでいくテクニックをマスターしたのと同じだ。

もちろん、人生が何ごともなく順調であれば、それにこしたことはないし、ものごとはあなたに有利に運ぶことが望ましい。

しかし、そうなる保証はない。

けれど**「幸せの力学」を理解すれば、どんな人生もすばらしい冒険に変わっていく。**

冒険——それが人生の本来の姿でもある。

だから、この本の一番大切なメッセージはこれだ。

完璧でなくても、だいじょうぶ。

あなたは絶対、幸せになれる。

＊訳者あとがき

“心の居心地”をよくする一番いい方法

浅見　帆帆子

読み終えてみて、いかがだったでしょうか。

本書に書かれている十のレッスンは、各場面で、どのように自分の気持ちを上向きにするかというコツです。

以下、各レッスンについて、私なりのとらえ方を書かせていただきます。

◎レッスン1「気分の波」に飲まれない

人間である以上、どんな人でも気持ちが落ち込むことは必ず起こります。

そのときに全体を大きく眺め、「今は気持ちが落ちているときなんだな」と、自分を傍観すると、その一つの出来事が他のことに影響を与えることはありません。

いちいちドラマ仕立てに大騒ぎするのではなく、たとえば、自分の生死に関わるようなことだけに大騒ぎすればいいのであって、どうでもいいことにバタバタして他のことまで混乱させる必要はないのです。

うまくいく人といかない人の違いは、起きているものごとの違いではなく、落ちた気持ちになったときに、どのくらい早く復活するかによるのです。

◎レッスン2　幸せに生きると決める

幸せな人は、自分の心の声に正直に動いています。自分にとっての「いいこと」は自分の感覚でしかわからないからです。自分の感覚が「いい気がする」という気持ちのよさを感じるということは、その感覚のとおりにして正解ということです。

「正解」とは、世間から見て「正しい」かどうかではありません。あなたにとっては、その方向に進んだほうがワクワクする、活発になれるとしたら、それが、あなたにとっては「正しい」ということです。

たとえまわりの人たちが違うほうを勧めたとしても、あなた自身がそこに幸せを感じなければ、幸せではありませんよね。

あなたの本音の感情や感覚が、理由もないのに「そっちがいい」と思うということは、そちらにすると、あなたにとってはいい展開になりますよ、という**未来からのお知らせ**なのです。

まわりの環境がどんなものであろうと、最後にそれを選んで行動に移しているのは自分です。選択の瞬間瞬間に、あなたが「幸せを感じるほう」「いいと思うほう」を選んでいけば、その先に、あなたにとっての幸せな状態がやってくるのです。

つまり、**今の自分は、自分の選択の集大成。全部、自分が引き寄せたもの**です。

◎レッスン3「考えない」練習をする

不安なことが起きたとき、人は考えることで解決しようとします。ところが、そのものごと自体にフォーカスすると、その問題の暗い部分、イヤな部分が浮き彫りになって、ますます不安になったり、怒りをあおられたりするだけなのです。

本文にある「イヤな上司」のエピソードも、イヤな上司が憂鬱にさせているのではなく、それを考えていること自体が憂鬱にさせているだけ。つまり、考えて心が苦しくなることは考えなくていいのです。

考えても答えの出ないこと、解決策がなさそうに感じることは、今のあなたが考えなくていいことなのです。今は答えが出ない時期、その時期がくれば、答えが自然と出てくるかもしれません。

心が憂鬱になることをグッと考え始めたら、「あ、こういうときこそ、考えなくていいんだった」と思い出すことです。

考えなくていい、こんなことを自分に許しただけで、毎日の生活は穏やかになります。

◎レッスン4「プラスの面」に注目する

これは、イヤなことを無理に明るく考えて、その場しのぎでお気楽にとらえていくことではありません。

実際、その事件が起きたということは、あなたに大切な何かを教えてくれようとしているのです。今気づかなくてはいけないこと、それを知ればもっと人生がスムーズになるよ、ということを、その事件の仮面をかぶって知らせています。

ですから、その人にとって「事件」と思える事柄を乗り越えると、**「あの事件のおかげでこんなに面白いことが起こった、あれのおかげで今の自分がある」**と、意味があって起こっていたことに気づきます。

つまり、ものごとに「よい、悪い」はないということがわかります。「失敗」という考え自体がなくなるのです。

◎レッスン5　考え方は、人それぞれ

相手が何を思うかは、相手の自由です。

あなたが自分の考えを尊重するのと同じように、相手にも相手の考え方があっていい……、相手がその考え方になるまでには、いろいろな歴史や理由があるのです。

ただの考え方の違いなのに、「その違い」に「よい悪い、正しい正しくない」というレッテルをはり出したときに悲劇が始まります。相手にも自分と同じ考え（よい考え）をしてもらいたい、と思い始めるからです。

アドバイスは、自分と同じ意見になってくれるように期待してするものではありません。それをどう受け止めるかは相手の自由です。

相手を変えようとすれば、変わらないときに自分がストレスを感じます。

また、自分とは違う考え方をする人たちのグループを、「あれは正しくない」と否定することにもなります。否定したときに苦しくなるのは自分自身。認められるものが少なくなるからです。

◎レッスン6「心の声」に耳をすます

「心の声」とは、あなたが心で感じる感覚、感情、思いつきなどです。突然ぱっと思いつくこと、理由はわからないけれど、ふと感じることなども含めて、あなたの本音の感覚のこと、私流に言うと**「直感」**です。

私たちの心は、「感情」という手段を通して、ものごとがどんなふうに展開していくのかを教えてくれています。

つまり、**あなたが「いい」と感じることは、あなたにとってよい展開になる**し、「なんだか違う、モヤモヤする」と感じるものは、あなたにとって必要がないからそう感じるのです。これも直感の一種です。

ひらめきや思いつきも、その時点では思いついた理由がわからなくても、あなたにとって**意味のある情報**だから思いつかせてくれているのです。ですから、思いついたときにすぐに行動に移さなければ、せっかく来ている情報を生かすタイミングを逃します。

根拠のない思いつきを行動に移すには勇気がいりますが、ためしに日常生活で実験してみればすぐにわかるでしょう。

「心の知性」という**自分自身のガイド（案内）役が、実は自分の中にいる**のです。

◎レッスン7　一歩ひいて、自分を眺めてみる

ルール9は、ルール2に似ています。

今、自分がどんな状態になっているかを観察するのです。第三者の目で自分を眺めると、「そんな反応（とらえ方）をしたら、ものごとがどんどん悪いほうへ向かっていく」ということがよくわかります。

他人のことはよく見えるのと同じです。

◎レッスン8「今、ここ」を生きる

「今」の延長線上にあるのが未来です。どんなにすごい目標や夢を持っていても、その途中経過である日常生活を楽しまなければ、その夢が実現するまではずっと不幸、ということになってしまいます。

いつも先のことを心配していると、かつての夢や目標がすでにかなっているのに、その満足感を味わうこともできません。

また、**面白い展開になるきっかけは、いつも目の前にあります。**

夢を実現している人、幸せな生活を味わっている人は、「あんな小さなことが、こういう展開になるとは思ってもいなかった」という経験をしています。

目の前の「今」を味わって楽しんでいたことが、その波動にふさわしい展開をもたらすのです。

◎レッスン9　結局、幸せは考え方しだい

今ある幸せにフォーカスすると、そこで成長や発展が止まってしまうように感じる人もいるかもしれませんが、むしろ逆です。心が穏やかになって満たされるので、自分の望む方向や幸せになる方向へ向かって、ますます活発に成長、発展していけるのです。

また、まわりで起こることは自分自身の波動で決まるので、目の前の幸せに感謝していると、もっと感謝したくなることが起こります。

幸せになりたければ、今の自分自身が幸せの波動になることです。

◎レッスン10「完璧」をめざすより、プロセスを楽しむ

そもそも、「完璧」の基準自体、人によって違います。

「完璧＝幸せ」とも限りません。

たしかに自分の決めた完璧を達成すれば、自分は幸せを感じるかもしれませんが、その基準を守るために他人を押しのけていれば、「これだけ完璧なのに、どうして人が離れていくのだろう、なぜ満たされないのだろう」というようなことが起こります。


また、完璧の「枠」があると、そこからはみ出ることを自分の人生でできなくなります。実はその「枠」の外にもっと面白いこと、あなたが幸せを感じること、あなたの夢や望みを実現してくれるきっかけがあるかもしれないのに、です。

完璧な人生よりも、幸せを感じる人生のほうがいいに決まっています。

選択の基準を、「完璧かどうか」ではなく、**「幸せを感じるかどうか」**に変えただけで、その枠が外れるはずです。


すべてのルールに共通しているのは、結局、自分の気持ちが「快」になるように、居心地よくなるように、ものごとをとらえていくということです。自分の気持ちが

「快」になっているると、それによって行動も変わるからです。

意識と行動が変わると、やってくるものごとも変わります。

たとえ「事件」のようなことが起こっても、それはあなたにとって必要なことを教えてくれている「ただの出来事」なので、「悪いことが起こった」と落ち込むこともなくなるのです。

最後にもう一度……。

幸せかどうかを判断するのはあなた自身です。

あなたの人生は、あなたが心で描いているとおりに展開していくし、いくらでも変更可能なのです。

本書は、小社より刊行した『読むだけで心に元気があふれる！ 10のヒント』を再編集のうえ改題したものです。

Von
Voyage!

読《よ》むだけで気分《きぶん》が上《あ》がり
望《のぞ》みがかなう10のレッスン

著　者──リチャード・カールソン
訳　者──浅見帆帆子（あさみ・ほほこ）
発行者──押鐘太陽
発行所──株式会社三笠書房
〒102-0072 東京都千代田区飯田橋3-3-1
電話：(03)5226-5734（営業部）
：(03)5226-5731（編集部）
http://www.mikasashobo.co.jp
印　刷──誠宏印刷
製　本──若林製本工場

編集責任者　本田裕子
ISBN978-4-8379-5797-3 C0030

T200081